SAUFEN IST URLAUB IM KOPF.

VANESSA WIESER (Hg.)
geb. 1970 in Linz, Studium in Wien, danach Arbeit als Journalistin und Redakteurin. Seit 2007 Verlegerin des Milena Verlags. Liebt Wien.

WIEN SCHÖN TRINKEN 2

37 WIENER LOKALE MIT HERZ

Vanessa Wieser (Hg.)

Mit Fotos von Juliane Mego
Anna Schoiswohl
Christiane Wintersteiger

Milena

INHALT

INHALT

VORWORT
der Herausgeberin

Sehr geehrte Damen und Herren,

ich begrüße Sie sehr herzlich zum einzigartigen literarischen Lokalführer WIEN SCHÖN TRINKEN. Obwohl: Wien ist schön genug, man muss sich die Stadt eigentlich nicht schöntrinken, es klingt nur so drollig. Das Leben hingegen muss man sich oft schöntrinken – wir wollen Sie in diesen harten Stunden unterstützen und mit diesem Buch Frohsinn und Zerstreuung beisteuern. Falls Sie Tourist sind: Herzlich willkommen in der Walzerstadt! Folgen Sie unseren Lokalempfehlungen voller Zuvertrauen, tauchen Sie ein in die Wiener Ess- und Trinkkultur, es ist für jeden Geschmack und Humor etwas dabei.

Führende Wiener Lokalgrößen begaben sich für Sie in 37 Etablissements und legen hier ihre Erlebnisberichte vor, die den ganzen Charme und Witz dieser Stadt widerspiegeln. Dies ist übrigens die 2. Auflage dieses Werks, wundern Sie sich nicht, wenn sie vom Inhalt der ersten Auflage abweicht – einige Lokale haben einfach zugesperrt und somit konnten neue Autoren nachrücken und Ihnen ihre Lieblingslokale präsentieren.

Ihnen allen nun viel Vergnügen und Prost!

Mit unternehmungslustigen Grüßen
Vanessa Wieser

CIGARETTES
harting

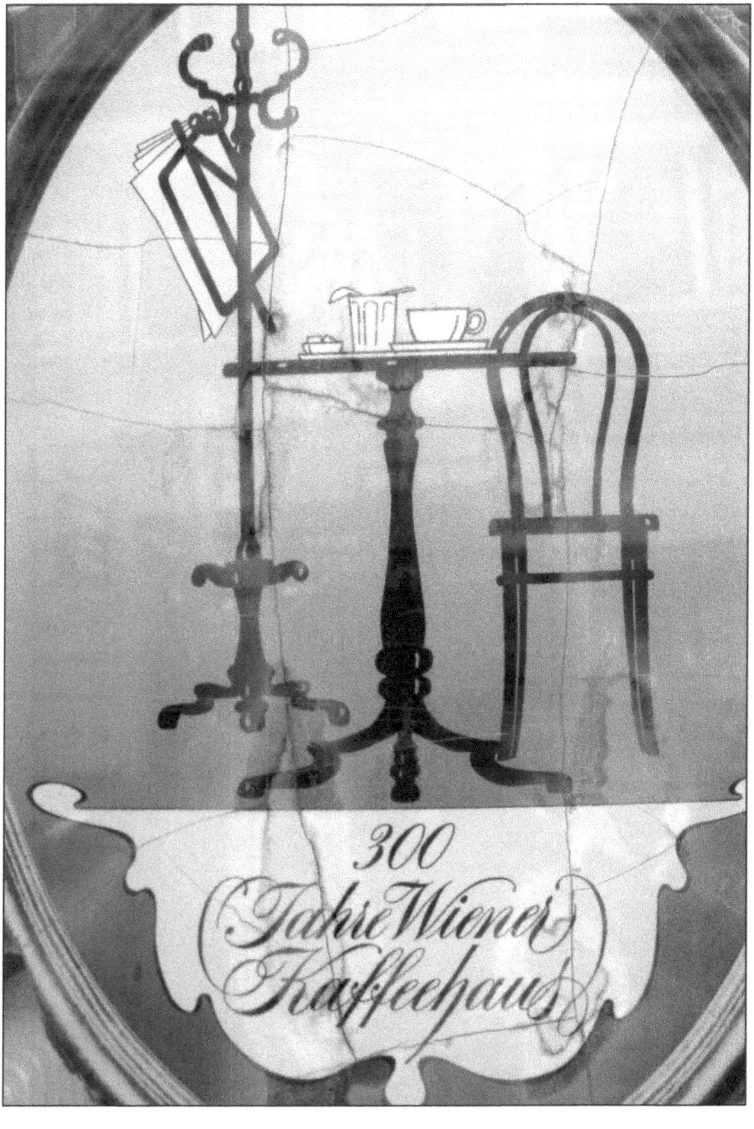
300
Jahre Wiener
Kaffeehaus

»Indooraufenthalte im Bierstadl kann ich nur zum Zwecke des Klogangs empfehlen, es handelt sich hier eindeutig um ein Freiluftetablissement.«

Bierstadl

Klaus Nüchtern

Adresse: Laaer Wald 218a, 1100 Wien	Charmefaktor: peripher und proletarisch
Öffnungszeiten: täglich 10-23 h, März-Nov.	WC-Situation: tadellos und traurig
Speisen: totes Tier, gebackenes Gemüse	Song: Gustav Mahler, Das himmlische Leben
Rauchen: geht gut	Wer das mag, mag auch: tschech. Märchenfilme

Sonderlich hoch hinaus kommt man am Laaer Berg nicht. Er bringt es gerade auf 250 Meter und ein paar Zerquetschte – die Angaben gehen da ein wenig auseinander. Damit schafft es der Monte Laa, als welcher die Erhebung im pittoresken Zwickel zwischen Ostbahn und Südosttangente ausgeschildert ist, nicht einmal unter die Top 50-Erhebungen von Wien, die freilich vorzugsweise im wesentlich gebirgigeren Westen zu finden sind – Döbling liegt ja schon viel näher an den Hohen Tauern als Favoriten. Für die Südostflanke der Stadt ist der Laaer Berg aber vergleichsweise imposant und hat sich seinen Namen redlich verdient. Immerhin ist er 80 Meter höher als der Konstantinhügel im Prater, der aus guten Gründen nicht Konstantinberg heißt.

Auch der Laaer Berg hat seinen Prater, den Böhmischen nämlich, und ein eigenes Riesenrad, das um einiges kleiner, aber eigentlich besser ist als das weltberühmte Riesenrad im Prater, jedenfalls preisleistungsmäßig betrachtet, denn für einen Bruchteil des Tarifs genießt man hier vom Berg aus einen mindestens so sehenswerten Wienblick wie im flachen Prater. Ähnliches gilt für das Budweiser, das im Bierstadl mit einem nicht weniger eindrucksvollen Monte Schaum gezapft wird als in der berühmten Massenabfüllanlage des Schweizerhauses, aber immerhin 60 Cent weniger kostet. Man könnte also durchaus zu der Auffassung gelangen, dass der Böhmische Prater die billigere, beschaulichere und letztlich bekömmlichere Alternative zum großen Bruder darstellt, quasi Triple-B.

Außerdem läuft man hier nicht Gefahr, auf irgendwelche Deppen und Deppinnen zu stoßen, die sich Lederhosen anziehen oder in ein Push-up-Dirndl zwängen, bloß weil die saisonalen Spaßimperative der Ballermann- und Bummsmusikindustrie das seit einiger Zeit vorsehen. Wie sich dieses Erholungs- und Vergnügungsareal, das in der zweiten Hälfte des 19. Jahrhunderts vor allem von den aus Böhmen und Mähren stammenden Arbeitern in den Ziegelfabriken, den sogenannten »Ziegelböhm'«, aufgesucht wurde, überhaupt als relativ modequatschresistent erweist. Die Brandbomben, die im November 1944 den Böhmischen Prater in Schutt und Asche legten, haben wenigstens die »Raupe« verschont, ein holz- und handgefertigtes Ringelspiel, das seit 90 Jahren hier seine Runden dreht.

Der Superlativismus des zeitgenössischen Schausteller-Business, das in erster Linie darauf angelegt ist, den an- und vorverdauten Langos-Spareribs-und-Schaumbecher-Mix möglichst schnell und druckvoll wieder aus dem Magen heraus zu praktizieren, hat keinen rechten Zugriff auf den Böhmischen Prater mit seinen Low-Key-Entertainment-Angeboten zwischen Hüpfburg, Märchenbahn und Minigolf. Nach zwei oder drei Saisonen, in der sie von einer jüngeren und vergleichsweise bombig gelaunten Nachfolgerin vertreten wurde, ist auch die traurigste Klofrau der Welt wieder an ihren Arbeitsplatz zurückgekehrt, und wenn ich die Protzigkeit dieser Geste nicht scheute, würde ich ihr einmal einen 5-Euro-Schein in ihren mit Messingmünzen gefüllten Trinkgeldkorb legen, um zu überprüfen, ob sich ihre Mundwinkel dann um einen halben Millimeter nach oben bewegen.

Indooraufenthalte im Bierstadl kann ich wirklich nur zum Zwecke des Klogangs empfehlen, es handelt sich hier eindeutig um ein Freiluftetablissement. Der Bierstadl-Gastgarten (Bistagaga), der sich in drei Terrassen gliedert und auch einen überdachten Bereich umfasst – der hintere, wäldchenwärts gelegene Teil wird leider kaum noch zur Benutzung freigegeben –, hat alles, was ein Gastgarten braucht und sonst nichts. Ich präferiere das mittlere Niveau, denn hier ist der Boden gekiest (und nicht betoniert) und man hat den besten Blick in die Kronen der Zwergahornbäume. Wird dieser durch einen der Sonnenschirme behindert, kann man diesen selbsttätig abspannen, denn im Unterschied zu vielen stark frequentierten Gastgärten ist der Bistagaga vor den grauenhaften Monsterschirmen verschont geblieben, die nur vom eigens geschulten Monsterschirmaufspannpersonal bedient werden können und aufgrund des hohen und kräfteraubenden Bedienungsaufwandes dann meist die ganze Saison über aufgespannt bleiben, egal, ob die Sonne sengt, der Regen prasselt oder ein sanfter Zephyrhauch unter cirrusgekraustem Frühherbsthimmel sachte durch die Flora streicht.

Auch akustisch wird man allenfalls von den Gesprächen am Nebentisch behelligt, nicht aber von Radio- und Musikzuspielungen. Der Bistagaga ist quasi touristen- und bobofreie Zone, er wird vor allem von jungen Familien und mittelalten Ehepaaren mit Hunden frequentiert, die sich freilich nicht daran stoßen, wenn man großformatige Zeitungen auseinanderfaltet oder ein paar Bände der Eichendorff-Werkausgabe bei sich hat. Für dergleichen Lektüren ist dieser Ort auf 48 Grad, 10 Minuten, 3,1 Sekunden nördlicher Breite und 16 Grad, 23 Minuten und 54,593 Sekunden östlicher Länge durch sein kontemplatives Fluidum ganz hervorragend geeignet, auch das Verfassen von Dramoletten und Dissertationen ließe sich hier gut erledigen, wobei angemerkt werden muss, dass sich das Aufklappen von Laptops und Beklopfen von Tastaturen mit dem Genius loci nicht wirklich verträgt, weswegen ich doch zu Bleistift und Notizbuch raten würde.

Der Bistagaga lässt sich per Straßenbahn (Linie 6) Bus (15A, 68A oder 68B) ansteuern, aber am besten ist eigentlich das Fahrrad, denn wer bitterlichstraßenaufwärts strampelt, versteht die Sache mit dem Berg gleich besser. Den geht es dafür am Rückweg dann ja auch runter, und obwohl ich dringend darauf hinweisen muss, dass es fuckin' unverantwortlich und voll gefährlich ist, nach drei Budweisern noch aufs Rad zu steigen, würde ich gegebenenfalls die Route über die

1. Haidequerstraße und die Ostbahnbrücke in den Prater wählen, denn auf diese Weise kann man über den Kanalwächterhausweg und die Gärtnerstraße die Bierinsel im Prater ansteuern und dort einfach weitermachen.

»Abstürzen, das ist hier noch keine leere Phrase.«

Bräustüberl

Fabian Faltin

Adresse: **Enenkelstraße 27, 1160 Wien**
Öffnungszeiten: **tägl. bis 2 h, So 17-24 h**
Speisen: **Schinken-Käse-Toast (aus dem Tiefkühler)**
Rauchen: **Pflicht**
Charmefaktor: **70er-Westernsaloon in Ottakring**
WC-Situation: **beengt**
Song zum Lokal: **Ch. Stürmer, Engel fliegen einsam**
Wer das mag, mag auch: **Buffalo Bill's, 1070**

Weltfrust, Beziehungskrisen, Blödheit, Einsamkeit, Schulden, Hypersoziophobie … ach, wie viele menschliche Zermürbnisse es doch gibt! Und noch schlimmer, und weitaus häufiger: ein trübes Gebräu aus alldem. In diesem Fall empfehle ich, schleunigst das Alt-Ottakringer Bräustüberl zu besuchen.

Das Bräustüberl liegt in unmittelbarer Nähe der U3 Ottakring (»die Endstation«), in der Enenkelstraße, direkt neben der Pizzeria La Valletta (zu gut Deutsch: »irdisches Jammertal«). Bis ganz spät schummern dort einige rührige Gasthauslaternen, weist eine Gösser-Reklame dem Suchenden seinen Weg. Paradoxerweise wird das Licht beim Nähertreten aber immer dunkler. Bis davon nichts mehr bleibt, außer ein fahles, grünlich-gelbes Nachglühen, direkt aus dem Ottakringer Untergrund, durch ein verhangenes, verruchtes Stück Fenster: der klägliche, authentische Nachschein einer einst so legendären Wiener Seele, in ihrem fortgeschrittensten, zutiefst zerknirschten Zersetzungsstadium.

Eine Holztür, abgegriffen, eine gefühlte Stufe – oder ist es die Beunruhigung über einen bevorstehenden sozialen Abstieg? Mir eröffnet sich ein längliches, dunkelst getäfeltes Säuferstübchen. Frivole Oldie-Musik heftet sich an die vergilbten Rauputz-Wände, flirrt durch Energiesparschatten, versickert hinter einer unbemannten Ecktheke.

Kaum Platz genug für ein halbes Bewusstsein, im Bräustüberl, den aber überlässt mir der Wirt zur Gänze. An diesem Freitagabend ist er wieder einmal sein eigener bester Gast gewesen, sitzt, in sich gesackt, auf einem hölzernen Sitzbänkchen. Sein Kopf: reglos überhängend, im Schein einer nackten Glühbirne, komplett erloschen. Im Nacken ist seine erschlaffte Hand liegen geblieben; die Zigarette, ein zentimeterlanges Aschetürmchen, steckt noch zwischen den Fingern.

Wehmütig falle ich ins freie Sitzeck bei der Tür. Abstürzen, das ist hier noch keine leere Phrase! Vielmehr steht schon ein robustes, quadratisches Kaffeehaustischchen bereit, fest im Boden verankert, um mich im Ernstfall abzufangen.

Darüber, an der Wand, einige laminierte Fotokopien des Speiseangebots. Gerade so, als genüge es den Trunkenen hier, wortlos auf die Unterlage ihrer Wahl zu zeigen: Ham 'n' Eggs und Gulaschsuppe, Schinkentoast. Dazwischen informiert eine Kreidetafel über die aktuelle Geschäftsordnung des Hauses: Auf Ersuchen von Fr. Winklhofer + Hr. Sedlak haben wir am 29.7. und ab 12.8. jeden Sonntag von 10–14 h Frühschoppen.

Und jetzt, gegen Mitternacht, ganz ohne Wirt? Gerade will ich mich selber bedienen, da arbeitet sich plötzlich eine Wirtin am inneren Thekenrand entlang, ein arg zerdunsenes Gespenst vom Umriss einer Sturm-Dopplerflasche. Ihr glasiges Gesicht, schon den Tränen nahe, flackert rötlich vor mir auf.

»Einen Bailey's, bitte«, bestelle ich, absurderweise, oder doch ein unbewusster Verweis auf die süßen Seiten des Lebens?

»Bailey's hob i net! Naa! Hob i net!«, keift es manisch zurück. »An Sauren Apfel hob' i! Saurer Apfel, gell!«

Ich nicke, die Musik, die doch tatsächlich aus einer digitalen Jukebox im Hinterraum kommt, gewinnt ächzend und schaurig schön an Fahrt. Was ich vom Sauren Apfel nicht behaupten möchte. Sperrige Schrammelmusik, erstklassiger Schnulzenpop, von Everybody Hurts bis Gimme! Gimme! Gimme!. Ich lasse mich davon um- und durchspülen, starre gedankenlos auf die nostalgiebraunen Bodenkacheln, dann wieder hinauf, über den Türbogen, wo eine Blechtafel guten Rat für turbulente Zeiten weiß: Legt euer Geld in Alkohol an! Wo sonst gibt es 40 %?

Rauch und noch mehr Rauch, ich inhaliere mit jedem Atemzug einen Hauch menschlichen Lebens, der von einer dreiköpfigen Säuferspätschicht am anderen der Ende der Theke auszugehen scheint. Vor der Theke, oder schon dahinter? Egal, die Kategorien sind im Fluss, im Rum-Cola-Fluss nämlich, den sie sich beherzt anschreiben lassen. Die Enge des Bräustüberls, so gemütlich, so gleichgültig, so bedrückend wie lang verjährte Freundschaften, lässt mich nachdenklich werden und Betrübliches träumen, dabei auch ein wenig existenziellen Pessimismus ausschwitzen; ich meine mich an komische Kaffeefahrten zu erinnern, an denen ich sicher niemals teilgenommen habe, an rätselhafte Spritztouren zu »Backhendlstationen« im Wiener Umland, von denen mein Großvater mir manchmal erzählte …

Abrupt, Punkt Mitternacht, ein tosend lauter Donauwalzer! Erbost erhebe ich mich, um diesem Tumult umgehend ein Ende zu setzen, krieche, von ironischen, geschmacklosen, masochistischen Selbstverstümmelungslüsten angetrieben, am Wirt vorbei, nach hinten. Bestelle mir von der Jukebox um 20 Cent nochmals ABBA sowie »Engel fliegen einsam«, dazu einen ordentlichen weißen Spritzer – Gimme! Gimme! Gimme!

Die Rum-Cola-Fraktion an der Theke sieht mich dafür ziemlich schief an. Ich sehe zurück. Etwas Vertrautes, Selbstverständliches erwächst aus unserem Blickkontakt, als wären im Bräustüberl soziale Gräben bloße Fiktion. Ja, schon stehe ich zusammen mit diesem Trio Infernale, mit Gerald, dessen Geburtstag hier begossen wird, einer scharfzüngigen Johanna und einem namenlosen, dafür unentwegt zwinkernden Cowboyhutträger; wir klopfen einige oberschlaue Trink- und Verbrüderungssprüche, von wegen »Restfett von gestern« und »gutbürgerlich angeheitert«.

Meine drei neuen Freunde sind, was mich mit einem Schlag wieder sehr zuversichtlich stimmt, durchwegs wortgewandte, weltoffene, ungetrübt intelligente Menschen. Insbesondere der Namenlose, der unter seinem schwarzen Cowboyhut so beharrlich über die Notwendigkeit spezifisch männlicher Identitätsbildung referiert; ich kann es nicht lassen, diesem Revolverhelden der Gender Studies seinen sonstigen Tätigkeitsbereich aus der Nase zu ziehen: Praktikant, gesteht er langwierig, und zwar im Bundeskanzleramt! »Wow«, schlucke ich, »ausgerechnet im Bundeskanzleramt! Und jetzt im Bräustüberl?«

»Das ist eh nur Verwaltung«, versucht er abzuschwächen, mir ist nur nicht ganz klar, welches von beiden gemeint ist; um über die Runden zu kommen, fügt er rasch hinzu, müsse er ohnehin noch Energy-Drinks vermarkten. Ich gluckse betroffen, komme aus dem Staunen kaum heraus. Dann zu Johanna, Tontechnikerin im Rhiz – ausgerechnet im Rhiz! Aber warum hat es sie dann ins Bräustüberl verschlagen?

»Keine Ahnung. Wahrscheinlich, weil ich morgen, heute, um 6 Uhr direkt nach Texas, fliege, für einen Gig«, meint sie. Für die Langstrecke helfe es sehr, sich zuvor noch im hintersten Ottakring ordentlich zu besaufen.

»Warum ausgerechnet Texas«, möchte der Cowboy gerne wissen, »musst du noch deine Todesstrafe absitzen?«

»Geh, da reicht eh des Bräustüberl«, funkt Geburtstagskind Gerald dazwischen, während er, voller Besorgnis, mithilfe seines hell aufgleißenden iPhones dem immer noch komatösen Wirt unter die Augen leuchtet. »Vor allem solange außer uns keine weiteren Gäste hierherkommen – bitte niemandem weitersagen!«

»Oh ja, wirklich, was für ein Juwel …!«, willige ich scheinheilig ein, um von meiner doppelten Mission abzulenken; denn mir geht es ob dieser guten Gesellschaft jetzt schon viel besser (oder zumindest 40 % besser), ich bin fast schon wieder überdreht, und jedenfalls felsenfest überzeugt, die subtilen Schwingungen und aufheiternden Segnungen des Bräustüberls möglichst bald auch dem Rest der Menschheit mitteilen zu müssen – »Das bleibt natürlich unter uns«!

»Leber, Milz und Nieren müssen im Training bleiben.«

Café Air

Samir Köck

Adresse: **EKZ Großfeldzentrum Top 17, 1210 Wien**
Öffnungszeiten: **Mo–Sa 7–20 h, So. und F geschl.**
Speisen: **Riesenbrote, Schweinsbraten für Europa**
Rauchen: **strikt vor dem Eingang**
Charmefaktor: **zw. Gerichts- und Speisekantine**
WC-Situation: **arm, aber ehrlich**
Song zum Lokal: **Voodoo Jürgens, Faung da nix an**
Wer das mag, mag auch: **Malle**

1973 kam Regisseur Robert Dornhelm in die Großfeldsiedlung, um eine Reportage zum Thema Jugendbanden zu machen. Es blieb sein bester Streifen. Broschi B. und Peter S. führten eine dicke Lippe, Schurli B., damals vielleicht 14, schlich hinter den Wortführern herum. Damals war das GFZ, das Einkaufszentrum in der Großfeldsiedlung, brandneu. Auf die Bastler wartete der Kaindl, auf die Schallplattenfreaks das »Spotlight«, und Lebensmittel kaufte man im Konsum. Im selben Jahr öffnete das Espresso Air, ein sehr dunkles Lokal, wo man sich in Nischen zurückziehen konnte. Der schwarze Afghane, der Trip, die Opiumkapseln wechselten diskret die Besitzer. Dazu trank man Tee oder zuweilen ein Seidl Bier. Übermütige wie Erich L. zündeten ihre Darmwinde an. Das Feuerzeug an die richtige Stelle gehalten, löste eine Stichflamme aus. Manisch-depressiv waren die Späße, die da jene, die von der Stadt an der Peripherie abgelagert wurden, in einem Espresso wie dem Air machten.

33 Jahre später sieht die Sache anders aus. Viele der damals übermütigen Jungs sind tot, im Kriminal oder von der Post in Frühpension geschickt. Das Air gibt es immer noch. Tapfer kämpft es um seinen Platz in der zentralen Ausgehmeile der ins Alter gekommenen Satellitenstadt. Das Eiscafé mit seinem protzigen Gastgarten liegt zentraler, im Wettcafé am anderen Ende des GFZ sind Aggressionen besser abzubauen. Das Air versucht es mit Kultur. Vor einigen Jahren war die Jazz-Gitti da, nun kommt Spezi Hansi, ein Schlagertanzmusikprofi aus

Kärnten. Für solche Anlässe plustert sich der Schanigarten mit einer ambulanten Grillstation auf.

Die 2002 gedrehte Folge von Elizabeth Spiras »Alltagsgeschichten« kehrte selbstverständlich auch im Air ein, das sich heute Café Air nennt. Seine Anmutung hat sich ebenfalls dramatisch verändert. Keine schummrige Beleuchtung mehr, und das Interieur hat die Holzfarbe gewechselt. Jetzt regiert eine ein bisserl erbarmungslose Helligkeit. Zudem wird eine Vielzahl an Speisen angeboten. Die überbackenen Riesenbrote, eines davon mit Blunze bepackt, protzen mit Fett. Der Toast ist resch wie der die Luft belebende Schmäh. Die regelmäßig stattfindenden »Spanferkeleien«, Grillabende mit Schweinernem, dienen nicht bloß dem Halten des oft stattlichen Gewichts, sondern auch ein wenig dem Kulturkampf, wie ihn die »Brüder aus'm Biermoos« (vormals Biermösl Blasn) so gerne propagieren, wenn sie furchtlos »Schweinsbraten für Europa, Schweinsbraten für die Welt« zur Blasmusik skandieren. Der Internationale der Dönersympathisanten wird auch im Café Air zuweilen das beeindruckende Emblem der Schweinsgrillage entgegengehalten. Geraucht wird artig vor der Türe. Schwere Burschen zechen zierlich drei Sorten Biere, Damen, die wohl schon Oma sind, stehen mit gepeckten Oberarmen vor der Tür und hantieren mit ihren Spreitzerln, wie die Zigaretten in der Siedlung traditionell genannt werden. Die Stürme der Jugend haben sich gelegt, jetzt gilt es ein nikotinhaltiges Lüfterl zu genießen und sich darüber zu freuen, dass man noch auf der Welt ist. Durch die Abendluft schwebt »Hey Mr. Tambourine Man« in der lebensfrohen Version der *Byrds* aus dem Äther, der Herr mit dem blauen Mascherl im Bart blickt bedeutungsvoll ins Leere. Eben zischte eine strenge Stimme an die Trommelfelle.

»Meine Damen und Herren, in 15 Minuten, Badeschluss!«

Ja, das kühle Nass des Frei- und Hallenbads ist nicht weit. Aber im Café Air benetzt man lieber die inneren Organe. Leber, Milz und Nieren müssen im Training bleiben. Damen und Kinder exotischen Aussehens schlendern am Air vorbei. Inder, Pakistani, Tadschiken, Mongolen, Türken – das Sprachengewirr ist von ähnlicher Dichte wie am legendären, von Karl Kraus unsterblich gemachten Sirk-Eck beim Hotel Bristol. Der ergraute Chef des Air kommt täglich. Sein Habitus ist einer von milder Resignation. Er hegt seine Gäste. Auf der Homepage des Café Air heißt es deshalb auch: »Wir sind keine Gastwirtschaft. Wir sind die Gastfreundschaft!«

Die Karte ist wesentlich umfangreicher als in den Siebzigerjahren. Jetzt, wo viele Damen und Herren an der Menopause laborieren, ist eine Kuchenvitrine unabdingbar geworden. Das Trostpotenzial des Süßen wird in diesem Zentrum der Randständigkeit permanent benötigt. Mit Bananenschnitte und Apfelstrudel erholt man sich ideal von den letzten, vorm Café abgehaltenen patriotischen Spanferkeleien. Wie gut das Frühstück ab 7 Uhr früh geht, konnte nicht eruiert werden. Am späten Nachmittag ist das Air jedenfalls gut besucht. Es brennt nicht mehr im Sonnengeflecht der Stammgäste. Eine seltsame Ruhe und Milde ist eingekehrt im einst so wilden Quartier.

»Hans Moser, Joe Berger und Helmut Qualtinger sind schon da.«

Café Alt Wien

Markus Köhle

Adresse: **Bäckerstr. 9, 1010 Wien**	Rauchen: **ja und nein**
Öffnungszeiten: **Mo-So 10-2 h**	Charmefaktor: **einer *der* Klassiker in Wien**
Krügerl: **3,50**	WC-Situation: **neu!**
G'spritzter: **2,50**	Song zum Lokal: **Patti Smith, Pissing in a River**
Speisen: **tolles Gulasch, aber auch anderes**	Wer das mag, mag auch: **Kleines Café, 1010 Wien**

Hans Moser, Joe Berger und Helmut Qualtinger sind schon da. Schon lange. Hans Moser hängt über der Durchgangsglasschiebetür, die, stets offen, dafür sorgt, dass der Rauch vom vorderen Teil des Lokals schön brav in den hinteren zieht.

Erster Schluck, erstes Bier. Ein Moser-Bild in Öl, und Moser in seinem Element: trinkglasbewaffnet, Kopf im Nacken, die nasale Singstimme wie ein Schwert vor sich hertragend, wie nix schneidet sie sich durch Jahrzehnte zu mir durch. Ich summe Du narrischer Kastanienbaum. Ich sitze im letzten Eck, Rücken zur Wand, direkt bei den Toiletten. Bester Überblick. Es ist November, beste Alt-Wien-Zeit, und es ist dunkel, weil die burgunderrotweinschweren Vorhänge zugezogen sind und es im November hier ohnehin nie hell wird. Das Moser-Bild ist auch dunkel, dunkel und rauchgeselcht.

Zweiter Schluck, erstes Bier. Das Qualtinger-Bild ist ein Foto hinter Glas: Klassisches Kaffeehaustischsitzfoto. Daneben steht was, vermutlich vom Quasi selbst geschrieben. Kann's nicht lesen, dafür müsste ich aufstehen, das ist nicht drinnen, muss sitzen, schreiben und trinken. Hängt über der Küchenausgabe, der Qualtinger. Muss sicher monatlich von einer zentimeterdicken Gulaschdampfschicht befreit werden, das Schutzglas.

Dritter Schluck, erstes Bier. Das Gulasch ist immer gut hier und oft die Rettung. Ein Gulasch, gut gesetzt – zum vierten Bier –, verlängert den Abend um drei, vier weitere, die man sonst zwar auch getrunken, aber am nächsten Tag bedeutend mehr bereut hätte. Gulasch ist ein Bierturbo und eine Katerbremse, zumal das Alt-Wien-Gulasch. Joe Berger hängt direkt über der Korbflechtflasche Knoblauchschnaps. Das hat schon seine Richtigkeit so. Berger wäre gerne der österreichische Bukowski gewesen, hat mir hier mal wer gesagt, der gerne der neue Schmidt-Dengler werden würde.

Nächster Schluck, erstes Bier. Diese Billardtischvergewaltigung tut mir jedes Mal aufs Neue weh. Klar, ist das eine Notlösung, nein, war das mal eine Notlösung, die sich eingeschliffen und insofern etabliert hat, als offenbar niemand das schwere Ding raustragen und entsorgen will, weil sich ja eh immer ein paar Deppen finden, die auch diesen Tisch belegen, obwohl die Oberschenkel nicht unter dem Tisch Platz haben, man sich gerne an den wuchtigen Tischbeinen stößt und die Tischdecke eine klebende Frechheit aus Plastik darstellt, die sich bei jedem Hautkontakt an einem festsaugt. Hebt man dann das Glas, dann ratscht es, als öffnete man einen Klettverschluss.

Nächster Schluck, erstes Bier. Diese Tischdecke ist unterarmfressend, epilierend und endlos ekelig. Diese Tischdecke hat das Alt Wien nicht verdient. Diese Tischdecke gehörte abgefackelt, aber womöglich brennte sie nicht einmal, sondern verschmölze zu einem weiteren Unding, das akzeptiert würde und seinen Platz behielte. Plakate hingegen haben eine recht kurze Lebenszeit hier. Das ist erfrischend und hat auch sanft-pädagogische Qualitäten, denn weiß man, was gerade für Plakate hängen, hängt man selbst zu oft im Alt Wien rum.

Letzter Schluck, erstes Bier fertig, nächstes Bier bestellt. Lichttechnisch ist das hier die perfekte Mischung aus Schummrigkeit und Schwarzlicht. In der Raummitte drei Monde und an den Wänden nachttischlämpchengleich sieben Funzeln in der sympathisch kümmerlichen Weite des Trink-Alls.

Zweites Bier da. Danke! Der vordere Teil der Alt-Wien-Galaxis: der Rauchraum, die Plüschnischen und die Palavertheke wären freilich eine eigene Geschichte wert.

Erster Schluck, zweites Bier. Das Alt-Wien-Publikum hat sich drastisch verjüngt. Das war früher anders.

Zweiter Schluck, zweites Bier. Früher waren alle älter als ich und tranken mehr, hat mir hier neulich wer verraten, der schon immer eine Heiner-Müller-Brille trug und gerne der neue Werner Schwab – nur in abstinent und vegan – wäre. Wie er es hier abendelang aushält, ist mir unverständlich. Alleine die Gulaschschwaden müssten ihn eigentlich ganzkörperverätzen.

Nächster Schluck, zweites Bier. Die Gespräche aber sind seit Jahrzehnten auf konstantem Niveau. Ich schalte auf Cocktailparty-Effekt-Modus und belauschvergreife mich an Gesprächsperlen aus meiner Trinkumgebung.

Nächster Schluck (großer Schluck), zweites Bier. Es rauscht, Störschall.

Letzter Schluck, zweites Bier, drittes bestellt. Ich konzentriere mich auf den Tisch Ecke gegenüber – ein Gast, ein Kellner –, und höre: »Das waren dann, einen Moment bitte, insgesamt acht Krügerl. Respekt! Das macht genau 28 Euro, bitte.«

Die Kellner sind älter als ihre Klientel und haben (im Schnitt) weniger Haare. Kellnerin habe ich hier noch nie eine gesehen.

Drittes Bier da, danke! Frauenanteil insgesamt gar nicht so gering hier, aber oft auch gar nicht so eindeutig.

Erster Schluck, drittes Bier.

Viele schwarze, dicke Brillengestelle auf zarten einstelligsemestrigen Näschen beiderlei Geschlechts.

Zweiter Schluck, drittes Bier. Vorwiegend schwarz und grau gewandete Menschen und da und dort ein kariertes Hemd.

Dritter Schluck, drittes Bier. Die Kellner im strahlend weißen Langarmhemd und der langen roten Schürze stechen da freilich angenehm raus.

Nächster Schluck, aahh! Ja, Touristen sind schon auch da.

Nächstes Bier, jaahh! Warum hier Egger serviert wird, ist wohl nicht nur mir als Ottakringer ein Rätsel. Egal.

Schluck. Von der Ferne schaut das Garage-X-Plakat in seiner gelb-schwarzen Gestaltung aus wie ein Raiffeisen-Plakat. Geheimes Sponsoring?

Schluck, Schluck. Es läuft natürlich keine Musik! Aber da ist schon wieder so ein Rauschen.

Jaahh, danke, nächstes Bier! Schluck, schluck, schluck. »Jö, wen haben wir denn da?«, fragt da wer. Ein Klogänger. Ein Klogänger und Freund. Ich sagte ja: der beste Platz. Ein Freund, dessen Hans Moser Niklas Luhmann, dessen Helmut Qualtinger Rainald Goetz und dessen Joe Berger Leif Randt heißt. Er müsse nur mal eben ganz dringend, warte aber auf mich im Erwachsenenraum, in der Kuschelecke gegenüber der Bar. Das kommt mir sehr gelegen. Ich bestelle mir ein Gulasch für alle Fälle.

Gulasch da – mampf, schluck, mampf, schluck, rülps – Gulasch weg. Im Raucherraum ist die Kundschaft älter, besoffener und scheint zum Teil Inventar zu sein. Mein Freund hat schon ein frisches Bier für mich bestellt. Das ist schön, ich will mir schließlich noch einen Knoblauchschnaps aufs Haus verdienen und Feierabend machen.

ORGIEN IM
GEMEINDEBAU

»Das Anno wird noch zum In-Lokal, sagt der Kellner zu einem Freund an der Bar und schenkt mir ein Wodka Tonic ein.«

Café Anno

Andi Plammer

Adresse: **Lerchenfelderstraße 132, 1080 Wien**
Öffnungszeiten: **Mo–Do+So. 18–2 h, Fr+Sa bis 4 h**
Speisen: **viel und schon gut**
Rauchen: **Ja!**
Charmefaktor: **sicher nicht steril**
WC-Situation: **sehenswert**
Song zum Lokal: **David Bowie, Heroes**
Wer das mag, mag auch: **Café Voodoo, 1070**

Die lange, schwarz-weiß gestreifte Bar beginnt gleich hinter der Eingangstür. Beherrscht wird sie von einer mächtigen, antiken Schank. Die schweren Türen zu den Kühlfächern erinnern an die Schubladen einer Leichenhalle. Ein erster Eindruck, der täuscht. Das Café Anno ist vieles. Aber sicher nicht steril. Oder tot.

Dafür sorgen schon die altertümliche Einrichtung und die zahllosen Plakate an den Wänden, das schmutzige Weiß der Holzverkleidung, die in dunklem Rot gehaltenen Wände und das alles dominierende Schwarz der Schank, der wackligen Tische und Sessel.

»Das Anno wird noch zum In-Lokal«, sagt der Kellner zu einem Freund an der Bar und schenkt mir ein Wodka Tonic ein. Und vielleicht hat er sogar recht. Vielleicht aber auch nicht. An der Bar sind jede Menge Plätze frei. Das mit dem In-Lokal dürfte sich doch noch nicht überall herumgesprochen haben.

Ein Typ kommt herein, geht langsam durch das ganze Lokal, besieht sich alles von oben bis unten und verschwindet ohne ein Wort wieder.

Doch dann füllt sich das Anno binnen einer Viertelstunde, jeder quietschende Sessel, jeder altersschwache Barhocker findet seinen Arsch, jede zerkratzte Tischplatte ihre Ellbogen.

»Jägermeister«, prusten zwei Mädchen am vordersten Tisch los und brechen in kreischendes Gelächter aus. Der Mann am Tisch sagt nix dazu. Der Hund unter dem Tisch auch nicht.

An der Bar kommen sich ein Mann und eine Frau allmählich näher.

Er sei angehender Psychotherapeut, sagt er, sie macht auch irgendwas. Im Moment ist sie einfach nur betrunken. Er hat schwarze Brillen, sie schwarze Augenringe. Die Chancen auf ein Happy End stehen 50:50.

Ein einzelner Typ links von mir starrt pausenlos in sein Bier. Der Blick in eine ferne Vergangenheit. Oder Zukunft. Wie auch immer. Im Anno ist nix so fern wie die Gegenwart. Zeit für das nächste Wodka Tonic.

Der Jägermeister kommt, die beiden Mädchen kreischen und bekommen vor lauter Lachen den Schraubverschluss kaum auf. Der Mann schweigt noch immer. Der Hund sowieso.

Das Pärchen an der Bar erörtert das Problem des vorzeitigen Samenergusses. Er doch nicht, sagt der Psycho und knetet Augenring mit beiden Händen den Oberschenkel. Vielleicht hätte er lieber Masseur werden sollen. Oder Bäcker.

Der Bierstarrer steht plötzlich auf, malträtiert mit seinem Taschenmesser den Kaktus auf der Fensterbank und erklärt dem Kellner, der abwechselnd ihn und den im Blumentopf verbliebenen Stummel anstarrt: »Gut für mein Nervensystem.« Dann steckt er den Kaktus in seine Jackentasche, setzt sich wieder auf seinen Platz und starrt weiter in sein Bier. Ich bestelle noch ein Wodka Tonic. Gut für mein Nervensystem.

Mit der Zahl der Gäste steigt der Geräuschpegel. Selbst Amy Winehouse singt vergeblich dagegen an. Es wird langsam schwierig, den diversen Unterhaltungen zu folgen. Vor allem auch, weil hier keiner Wienerisch redet.

Die Jägermeisterinnen sind eindeutig aus Südtirol, Augenring vermutlich aus Oberösterreich, Psycho bellt steirisch, und der Kaktuskiller hat zwei Vorarlbergern Platz gemacht, von deren Unterhaltung ich nur zirka jedes zehnte Wort verstehe. Da sind mindestens zwei Lautverschiebungen in die falsche Richtung gelaufen.

Am Einsertisch der zweite Jägermeister. Die Mädchen kreischen, der Mann verschwindet am Klo, der Hund schüttelt sich.

Ein älteres Paar besetzt den letzten Tisch im Barraum. Er ist bestimmt Schauspieler. Oder Hausmeister. Sie ist vermutlich Hausfrau. Biertrinker sind sie beide. Ich nicht. Ich trinke noch ein Wodka Tonic.

»Das ist nicht der Punkt«, sagt Psycho zu Augenring. »Ich hab da eine eigene Technik entwickelt.« Immer noch der vorzeitige Samenerguss anscheinend. Über Sex reden kann er zumimdest ganz schön lange.

Aus den Boxen tönt »Fuck the System«, die Unterhaltung an der Bar dreht sich, abgesehen von Sex, vor allem um Autos und die Preise bei McDonald's. Klingt nicht gerade nach Weltrevolution. Naja, vielleicht doch. Sie finden, McDonald's sei zu teuer.

Der Stumme kommt ein zweites Mal herein, erneuter Rundgang durchs Lokal. Dann bleibt er vor der Bar stehen. Der Kellner fragt ihn, was er trinken will, aber der Stumme lächelt nur, zuckt die Achseln und geht.

Der Schauspieler ist vermutlich Gregor Seberg. Genau weiß ich es nicht. Ich hab keinen Fernseher. Vielleicht ist er also doch Hausmeister. Mehr Wodka Tonic.

Dritter Jägermeister am Einsertisch. Der Hund gibt Pfote und Psycho versucht es bei Augenring mit Händchenhalten.

»Der Kunst ihre Freiheit. Und die ganze Marie für den Sport«, verstehe ich endlich einen Satz von den Vorarlbergern. Also doch noch Gesellschaftskritik. Bravo und mehr Schnaps.

Seberg setzt zu einem Monolog an. Leider kann ich von meinem Platz aus nix verstehen. Johnny Cash ist zu laut.

Ein Mann, der ausschaut wie ein ehemaliger Fußballer von der Wiener Austria geht mit seiner Partie ins Hinterzimmer wuzeln. Dass diese Typen nie wissen, wann es vorbei ist.

»Mein professionelles pädagogisches Resümee lautet«, fängt eine von den Jägermeisterinnen an, der Rest des Satzes geht in ihrem Kreischen unter.

Psycho und Augenring fragen sich gegenseitig über die Anzahl ihrer bisherigen Sexualpartner aus. Beide können mangels Erinnerungsvermögen keine verbindlichen Zahlen nennen. Oder geben das zumindest vor.

Lauter Torjubel aus dem Hinterzimmer. Ob es der Exfußballer doch noch kann?

Jägermeister für den Einsertisch, die Mädchen kreischen, der Mann setzt dem Hund seine Mütze auf. Fotos, Facebook, Freudenschreie. Der Psycho gesteht, dass er sich einmal wirklich angekotzt hat nach dem Sex.

Seberg lacht noch einmal sein Bühnenlachen. Anschließend samt Hausfrau rechts ab. Das Lokal leert sich jetzt schnell, auch die Vorarlberger sind längst weg.

Nur am Einsertisch spielt man sich noch einen allerletzten Jägermeister aus. *Schnick-Schnack-Schnuck, kreisch.* Der Mann streckt dem Hund die rechte Vorderpfote zum Hitlergruß in die Höhe.

»Ich hab auch schon einmal kotzen müssen nach dem Sex«, sagt Augenring, schlüpft in ihre Jacke und aus dem Lokal. So leicht lässt sich ein Psycho aber nicht abhängen.

Ich folge den beiden und sehe gerade noch, wie sie sich tief in die Augen schauen, bevor sie beinahe synchron eine 180-Grad-Drehung vollführen und in der Nacht verschwinden. Sie nach rechts, er nach links.

Hinter mir taumeln die Jägermeisterinnen an die frische Luft. »We Could Be Heroes«, plärrt uns David Bowie nach draußen nach. Auf der anderen Straßenseite steht der Stumme und starrt ins Lokal.

Matinée

»Wer im Anzengruber nicht schwarz gekleidet ist, wird höhnisch aus der Tür gemurrt, gezischt und geräuspert.«

Café Anzengruber

Maik Novotny

Adresse: **Schleifmühlgasse 19, 1040 Wien**
Öffnungszeiten: **Mo–Sa 16–2 h, So geschl.**
Speisen: **dolle Schnitzel und mehr**
Rauchen: **teilweise**
Charmefaktor: **Herz eines Bergwerks**
WC-Situation: **Licht am Ende des Tunnels**
Song: **Bohren & Club of Gore, Maximum Black**
Wer das mag, mag auch: **Café Alt Wien, 1010**

Die Sache mit dem Dresscode fällt natürlich wieder mir zu. Den Maler kümmert so etwas nicht, die Frau vom Theater kommt später, und der Zukunftsforscher ist unzuverlässig, bei ihm ist jederzeit mit einem Auftritt im Sektenguru-Look (»Weiß ist das neue Schwarz!«) zu rechnen. Als Architekt hat man qua Vorschrift mehrere Kubikmeter schwarze Kleidung vorrätig, also opfere ich mich, den Schwarzanteil unserer Gruppe zu erfüllen. Wer im Anzengruber nicht schwarz gekleidet ist, wird höhnisch aus der Tür gemurrt, gezischt und geräuspert. Die konstant hohe Quote an beislgegerbten Mitgestaltern des Wiener Kulturbetriebs – Theater, Kunst, Film und, klar, Architektur – sorgt schon berufsbedingt für Schwärze.

Der hohe L-förmige Raum ist angefüllt mit emsigem schwarzen Gewusel, an jedem der winzigen Tische intensives Sprech-, Elaborier- und Doziergesumme, untermalt von performativ geschultem Betonungsgefuchtel. Dies alles noch intensiviert und angepeitscht durch den emsigen Tommy, der wie ein Extremsportler unter hohem Köraufwand im Slalom durch die Tische rauscht und in drängendem Stakkato sein »Noch ein Grieskirchner? Noch ein Budweiser? Noch einen Roten?« austeilt, um das Tempo des Trinkens konstant hoch zu halten. Der kroatische Familienclan im Herzen des Anzengruber ist eine gut geölte Maschine, und Tommy ihr Befehlshaber und Maschinist, während die Mutter im Hintergrund scharfäugig mit geheimen Knöpfen und Hebeln hantiert und der Vater, nun ja, als stets gut gelauntes Möbel die Sache durch zuverlässiges Vorhandensein abrundet.

Einen Kaffee bestellt hier, obwohl es Café heißt, niemand. Unbenutzt verkümmert die chromglänzende Maschine hinter den zischenden Zapfhähnen vor sich hin. Das Anzengruber ist eine Wiener Anomalie, es ist zwar eindeutig möbliert wie ein Café – winzige Tische, Thonetsessel, enge Sitznischen, und nicht mit gemütlich-breiten Tischen wie ein Beisl –, funktioniert aber genau andersherum. Es ist, ausschließlicher noch als das Alt-Wien, ein Café für den Abend und die Nacht. Ein Bier-Wein-Schnitzel-Gulasch-Café.

Wenn sich amerikanische Wissenschaftler nur einmal mit den wirklich ausforschenswerten Themen beschäftigen würden, fänden sie flugs heraus, dass sich circa 18 % aller Gespräche im Anzengruber um das Bier drehen – und zwar genau gesagt um die Frage Budweiser oder Grieskirchner. Wie SPÖ oder ÖVP, katholisch oder evangelisch ist die anzengrubersche Bierwahlfrage eine Glaubensfrage. Viele bleiben ihrer Bestellwahl ein Leben lang treu, manche, sagt man, geben sie sogar an ihre nachfolgenden Generationen weiter.

Seit Kurzem hat sich jedoch eine dritte Kraft in dieses Gleichgewicht geschlichen wie ein schrulliger US-Präsidentschaftskandidat. Ein belgisches Bier namens *Leffe*, von sirupartiger Konsistenz, in schwerem Kelch gereicht, wie es die schwermütigen Flamen und Wallonen schätzen. Auch unter den Anzengruber-Ameisen hat es Freunde gefunden, die Bierdebatten turnen nun im Dreieck und sind noch ausufernder geworden. Selbst der Maler, einst glühender Grieskirchner-Propagandist und Budweiser-Verächter, ist seit Kurzem begründungsintensiv zu den Belgiern übergelaufen.

Verblüffender als der Flachlandimportsirup ist jedoch die Tatsache, dass das Anzengruber das Rauchverbot so achselzuckend weggesteckt hat, wie ein Café nur achselzuckend etwas wegstecken kann. Früher waren Anzengruber und Rauch synonym, es qualmte aus dem schwarzen Unterholz heraus, Feuilletonisten fuchtelten in den Rauch hinein,

Philosophen pafften pathetisch ihre Parisiennes jaunes. Erstaunlicherweise tun dieselben Leute heute genau dasselbe, nur ohne Rauch, niemand hätte das erwartet, man hatte einen Exodus der Qualmenden befürchtet, doch offenbar hatten die Ameisen herausgefunden, dass man auch zigarettenlos fuchteln und bramarbasieren kann.

Der Zukunftsforscher ist rein vom Temperament her kein Fuchtler, sondern ein phlegmatischer, wenngleich wacher Fläzer und Herumräkler, ohne große Gesten erzählt er von den jüngsten Debatten in der Zukunftsforscherbranche. Seine jüngst beim *Forum Alpbach* vorgetragene These, dem Stangenei stehe der unmittelbare Durchbruch im Lifestyle-Food-Bereich bevor, und nur so könne der mitteleuropäischen Wirtschaft zur Renaissance verholfen werden, hatte dort Zweifel, Hohn und Schweigen geerntet. »Es gab da so Reaktanzen drauf, auf eine freakige Art«, knarzt der Forscher leicht beleidigt in die Reste seines Budweisers.

»Noch ein Grieskirchner? Noch ein Budweiser? Noch ein Leffe?«

Der Maschinist rauscht vorbei, in Hochgeschwindigkeit, quittiert das »ja« mit einem Nicken, bellt die Bestellung in den Maschinenraum, kehrt mit Neubier zurück. Zum Essen bestellen wir Schnitzel, wie immer, keine Ahnung, was es hier sonst noch gibt, bestenfalls noch ein Gulasch, falls das Schnitzel zu massiv scheint.

»Mit was dazu? Salat? Kartoffeln?«

»Hm, hm, überlegen, überlegen, ich glaube ... Salat.«

Ich nehme immer Salat, trotzdem zwingt mich eine namenlose Macht jedes Mal zu einer Entscheidungskunstpause, während der Maschinist Tommy ungeduldig schnaubend neben dem Tisch verharrt. Das Schnitzel wird, wenn es kommt, ausgezeichnet sein, wie immer.

Inzwischen hat sich der Ameisenbau komplett gefüllt, auch die Frau vom Theater hat sich in einer sportlich-souveränen Gesamtbewegung winkend, begrüßend und klappmesserhaft hineinfaltend in die nichtexistente Lücke an unserem Tisch gequetscht. Die Stellprobe sei ein Erfolg gewesen, sagt sie, im selben Satz simultan ein Grieskirchner ordernd, Theaterleute können so etwas. Von der Bar winkt ein Viertel des Architektenquartetts *pool*, in jahrelanger Gewohnheit stets in der Pendelbewegung Anzengruber–rhiz unterwegs, auf Werbefeldzug für den niederländischen Asketenbaumeister Hans van der Laan. Ganz hinten im Dämmer einer Eckbank thront, schemenhaft erstarrt wie ein glasierter Uhu, der aus Berlin nach Wien teilzeitemigrierte Popliteraturopa Joachim Lottmann hinter einem Halbliterglas Soda Himbeer (Jugendgetränk).

Punkt 0 Uhr 30 pflegt sich die Große Alte Dame der Popkultur, Diedrich Diederichsen, am glatt furnierten Tresen zu materialisieren, und auch heute ist keine Ausnahme. Der Zukunftsforscher hebt nur die Augenbraue. In Berlin würde man sofort mit vorbereiteten Textbausteinen auf die kluge Ikone zuspringen, hier darf er in Ruhe an der Bar stehen, ohne dass ihm leptosome Hipster ein Sperrfeuer von Bonmots über die Dialektik von Lady Gaga zu entlocken versuchen. Der Maler tut es trotzdem, er trägt seit circa 1985 Fragen zu einer Diederichsen'schen SPEX-Rezension zu einer LP von The Fall mit sich herum, deren Auflösung nun in greifbarer Nähe scheint.

Wir lassen die beiden in ihrer musikhistorischen Blase und uns von Tommy die Striche auf unseren Bierdeckeln vorlesen und zusammenrechnen, er ist so hilfsbereit. Zu Hause angekommen, google ich, was um Himmels willen eigentlich »Reaktanzen« sind.

»Ich erklärte ihm nicht, woher ich den kleinen Mann mit der tätowierten Klaviertastatur auf der Stirn kannte.«

Café Bendl

Evelyn Steinthaler

Adresse: **Landesgerichtsstraße 6, 1010 Wien**
Öffnungszeiten: **8 h bis in den frühen Morgen**
Speisen: **strictly TK, große Auswahl**
Rauchen: **ja**
Charmefaktor: **Parallelwelt**
WC-Situation: **wenig prickelnd**
Song zum Lokal: **Pussycat, Mississippi**
Wer das mag, mag auch: **Tagasyl, 1060**

Während des Studiums habe ich mir angewöhnt, im Café Bendl auf mehrere Runden weiße Spritzer hängen zu bleiben. Irgendwann hab ich fertig studiert und das Hängenbleiben in dem heruntergekommenen Café auf der ehemaligen Zweierlinie hat aufgehört. Manchmal geh ich aus sentimentalen Gründen hin. Dieses Manchmal ist sehr selten und heute wieder einmal fällig, denn ich hab grad erfahren, dass Nina, meiner Studienfreundin, mit der ich immer im Bendl war, schwer krank ist. Vielleicht kann ich sie, wenn ich sie morgen besuche und ihr von meiner Solo-Reminiszenz zu ihren Ehren erzähle, ein bisschen aufmuntern.

Soweit ich weiß, bezieht sich der Vulgo-Name »Bück dich«, mit dem das Bendl genannt wird, auf den ab einer gewissen Uhrzeit heruntergelassenen eisernen Rollbalken vor der Eingangstür. Unter dem Rollbalken kam man nur gebückt oder auch nur auf allen vieren raus. Das war der polizeilichen Sperrstunde geschuldet. Vorbildlich. Ob das heute auch noch so gehandhabt wird, weiß ich nicht. Ist schon sehr lang her, seit ich mir hier das letzte Mal die Nacht um die Ohren getrunken habe.

Kaum lasse ich die paar ausgetretenen Holzstufen hinter mir, beschleicht mich das Gefühl, dass Herbert gleich ums Eck kommt. Aber Herbert kommt nicht mehr aus dem Jukeboxzimmer, wie er es immer genannt hat. Herbert liegt seit 13 Jahren in Hernals am Friedhof. Vorm Bendl haben sie ihn umgefahren und er ist auf dem Weg ins AKH gestorben. Er hätte einfach nicht mitten auf der Fahrbahn stehen bleiben dürfen. Geregnet hat es in der Nacht und von hinten hat's ihn erwischt, hab ich dann später gehört.

Kennengelernt haben wir den Herbert an einem Nachmittag, als Nina und ich im Bendl aufgekreuzt waren, um unseren Prüfungsfrust wegzutrinken. Das ist grundsätzlich nichts Außergewöhnliches für Studentinnen, und dass man sich um vier am Nachmittag schon ordentlich was reinstellt, war umso mehr nichts Außergewöhnliches für die Leute, die damals im »Bück dich« zum Inventar gehörten. Ersteres waren Nina und ich, Zweiteres Herbert und sein Hawara, der Gustl.

Der Gustl war ein richtiger Ungustl, und die Freundschaft der beiden war der gemeinsamen Zeit während Herberts 16 Jahren im Landl geschuldet. Gustl war ein notorischer Einbrecher und darüber hinaus ein ausgemachter Frauenbelästiger. Und weil der Gustl die Nina blöd angequatscht hat, haben wir den Herbert kennengelernt. Eingemischt hat er sich, damit uns der Gustl in Ruh lässt. Ein paar Abende hat es dann noch gebraucht, bis wir mit dem Herbert ein erstes gemeinsames Bier getrunken haben. Da hat er uns dann erzählt, dass er den Liebhaber seiner schönen Frau Gerda vor ihren Augen erschlagen hat. Im Affekt. Die Gerda hat die Geschichte nicht besonders gut überstanden und musste längerfristig auf die Baumgartner Höhe. Und der Herbert hat nach seiner Häfnzeit der Liebe abgeschworen. »So ein Unglück reicht für zehn Leben«, hat er gesagt.

Es ist früher Abend und das »Bück dich« ist, wie damals auch, hauptsächlich von Männern, denen der zu viele Schnaps anzusehen ist, und den üblichen Studenten besiedelt. Die Stimmung ist wie früher: freundlich entspannt und man hat ein bisschen das Gefühl, in einer Parallelwelt gelandet zu sein. Kein vor der Tür bestehender Standesdünkel hat hier Platz. Hier werden alle Menschen Brüder, und man könnte meinen, der Schiller hätte das Bendl gekannt, als er diese eine Zeile der »Ode an die Freude« niedergeschrieben hat.

Früher war ich nie allein im Bendl, früher war es machmal sogar so, dass ich mir hier Verabredungen ausgemacht hab, und Nina und Herbert saßen am Nebentisch, so wie das eine Mal, als ich einem Treffen mit einem Ex von mir aus Neugier zugestimmt habe, weil mir völlig schleierhaft war, was er noch wollte. Dass er versuchen würde, den Faden zwischen uns wieder aufzunehmen, hat mich überrascht und Nina und Herbert amüsiert.

Als ich B., lauter als notwendig, die endgültige Absage erteilte, sprang Herbert auf, raste an die Theke und kam mit zwei Obstlern zurück: »Recht hast, nur net vaorschen lassen, Pupperl, Prost!« und drückte mir ein Stamperl in die Hand.

Ich weiß noch, wie B.s Augen ungläubig größer wurden. Ich erklärte ihm nicht, woher ich den kleinen Mann mit der tätowierten Klaviertastatur auf der Stirn kannte, kippte den Schnaps, verabschiedete mich knapp und wechselte den Tisch.

Von Franz, der sich mit Herbert die Zelle teilte, und der so gern Klavierspielen lernen wollte, stammte die Stirntastatur. Einmal erzählte Herbert, dass Franz auf seiner Stirn in der Nacht stundenlang den Flohwalzer gespielt hat. Franz war mit Schlaflosigkeit geschlagen und Herbert meinte augenzwinkernd, dass ihm der Flohwalzer auf der Stirn lieber war, als ein Tango von hinten.

»Du warst doch immer mit'n Herbert da!« Ein hagerer Mann, Anfang 60, in einem deutlich zu großen matschgrauen Anzug und mit fehlenden Schneidezähnen wankt auf mich zu. In der einen Hand ein halb ausgetrunkenes Bierglas, in der anderen eine glimmende Zigarette.

»Ja, ich hab manchmal was mit ihm getrunken«, bestätige ich.

»Wart's da, wie's ihn erwischt hat?«

»Nein. Du?«

»Ja, wor i.« Er nimmt einen Schluck, das zu große Jackett rutscht am linken Arm zurück und ich sehe am hemdlosen Unterarm den Anfang einer tätowierten Klaviertastatur.

Der war auch mit'n Franz in einer Zelle, schießt es mir durch den Kopf. Er bemerkt meinen Blick und sagt: »Der Herbert war scho a b'sonderer Freund. Wie er a Jahr vor mir raus is, hab i mir das dann selbst g'macht. Irgendwo hab ich ja üben müssen.«

Er deutet mit seinem Kinn Richtung Unterarm. Ich nicke.

»Die arme Sau«, sagt er, dreht sich eine Idee zu schwungvoll um und erwischt gerade noch den Türrahmen, um zur Theke rauszuwanken. Während ich ihn dort herumstehen sehe, wird mir klar, dass ich sein Gesicht damals auch immer wieder hier im Bendl gesehen habe und mir fällt ein, dass wegen ihm Dagmar, eine andere Freundin aus der Studienzeit, die auch manchmal mit im Bendl war, einmal geweint hat.

Er hat ihr so leidgetan, weil er an dem Abend auch einen Anzug trug, der ihm, so wie der heut, mindestens drei Nummern zu groß war. Und das hat sie so gerührt, dass sie zu weinen angefangen hat, die Dagmar.

Dagmar hat gern und oft geweint und nie viel Anlass dazu gebraucht. Ihr Weinen war quasi dem Franz seinem Flohwalzer ebenbürtig. Immer schnell einmal so zwischendurch, wenn sonst nix mehr ging.

Ich sehe Herberts Freund an der Theke rumfuchteln, ehe er mit drei Stamperln zurückkommt.

Er stellt zwei Obstler auf den Tisch, schiebt mir einen hin. Und dann sagt er: »I bin der Franz.«

Ich stell mich auch vor, wir kippen den Schnaps und wissen dann beide nichts zu sagen. Auf Radio Niederösterreich läuft »Ruby, Don't Take Your Love To Town« von Kenny Rogers. Und ich hab das Gefühl, dass Herbert an der Jukebox steht. Das Lied von Kenny Rogers hat er sich oft selbst spendiert, nachdem ich ihm einmal den Text über Ruby, die untreue Schönheit, und ihren gelähmten Veteranen-Ehemann übersetzt hab.

»If I could move I'd get my gun and put her in the ground.«

Franz verneigt sich höflich und geht ohne ein weiteres Wort. Ihm reicht die angebrochene Sentimentalität offensichtlich. Ich lass den einen Schnaps am Tisch stehen, der ist für Herbert. Bevor ich geh, trink ich noch eine ganze Menge weiße Spritzer, denn zur Bendl-Sentimentalität gehört das Kopfweh am nächsten Tag, hat Nina immer gesagt, und wenn ich sie morgen sehe, soll sie auf den ersten Blick erkennen, wo ich war. Den ganzen Abend über bleibt das eine Stamperl am Tisch. Ganze drei Mal fragt mich die neue Kellnerin, ob ich den Schnaps nicht endlich trinken will. Und ich wiederhole jedes Mal »Lass stehen, das is fürn Herbert.« Die Neue kennt die Geschichten über Herbert offensichtlich nicht, und weiß nicht, dass er noch immer da ist, auch wenn er nicht mehr um die Ecke kommen kann.

»Nie weiß ich, wo ich bin, nie weiß ich, wo vorne und wo hinten ist in diesem Lokal.«

Café Concerto

Metka Wakounig

Adresse: **Lerchenfelder Gürtel 53, 1160 Wien**	Charmefaktor: **Dorfgasthof meets Großstadt**
Öffnungszeiten: **Di-Sa von 19-2 h/4 h**	WC-Situation: **plakativ und gedimmt**
Speisen: **lieber trinken!**	Song zum Lokal: **Tom Waits, Mr. Siegal**
Rauchen: **im Raucherbereich**	Wer das mag, mag auch: **Café Carina, 1080**

So mancher denkt beim Wort »Gürtel« an Hosen, die nicht über den wieder mal zu breit geratenen Hintern rutschen dürfen, Schnallen, die nie richtig weit oder eng verschließbar sind, Lederimitate, die nach kürzester Zeit in ihre Einzelteile zerfallen oder das längliche Stück olivgrünen Stoffs, das das Österreichische Bundesheer seinen Rekruten austeilt und das man von seinem ersten richtigen Freund als Liebesbeweis geschenkt bekommen hat. Ich aber nicht. Meine erste Assoziation bei diesem Wort ist die Partymeile in Wien, wo sich Lokal an Lokal, weggeworfener Hotdog an runtergefallene Bosna und Speiblackerl an Speiblackerl reihen. Um diesem infantilen und äußerst degenerierten Straßengebaren zu entgehen, meine Fortgehlaune jedoch nicht im eigenen Wohnzimmer im Keim zu ersticken, suche ich das Café Concerto am Gürtel auf. Tom wartet.

Nachdem ich den Raum durch eine der beiden Eingangstüren betrete, bin ich wie immer maßlos verwirrt. Dieser bei mir vorherrschende Zustand wird durch die wechselnde Perspektive beim Eintreten noch potenziert. Nie weiß ich, wo ich bin, nie weiß ich, wo vorne und wo hinten ist in diesem Lokal, weil ich nie durch dasselbe Portal hereinschneie. Ich kann mir das einfach nicht merken. Die Gretchenfrage sage ich im Schlaf auf, aber mir einzuprägen, ob ich jetzt bei der Theken- oder der anderen Seite reingekommen bin, geht einfach nicht, da streikt mein Hirn und verarscht mich. Geh scheißen, ich brauch dich heute sowieso nicht, ich sauf dich nämlich raus.

Die roten, leicht zerschlissenen Banküberzüge grinsen mich verführerisch an, laden mich ein, ihnen ein weiteres Brandloch hinzuzufügen, das alte Muster wird schließlich langsam fad. So ein Offert kann ich selbstverständlich nicht ausschlagen und platziere mich ladylike an einen leeren Tisch.

Indien empfängt mich akustisch, einzelne einsame Männer wandern herum wie Gurus auf der Suche nach tieferen Erkenntnissen in der Halben Bier. Ich scheine ihre hopfenlastige Meditation jedoch zu stören, jeder von ihnen taxiert mich von oben bis unten, und ich bin ein bisschen enttäuscht, denn schließlich hatte ich auf orgiastische Tänze mit überdrehten Augen und ekstatischen Körperzuckungen zu Ravi Shankar – oder was auch immer da im Hintergrund gespielt wird – gehofft. Aber nein, kaum kommt so eine Östrogenbombe rein, ist's vorbei mit der seligen inneren Ruhe. Vielleicht hilft's was, wenn ich meine Blicke zu den beiden Göttinnen am Podest schweifen lasse, um so die Aufmerksamkeit der langhaarigen, Karohemden tragenden Typen wieder aufs Wesentliche zu lenken. Es scheint zu helfen. Die beiden Figuren erheben sich vor den Jünglingen wie Phönixe aus dem Aschenbecher, sie thronen über dem gesamten Raum und flößen mir mit ihrer leicht unheimlichen, aber dennoch (oder gerade deswegen?) präsenten Erotik sachte Furcht, wenn nicht gar Respekt ein. Sie mögen auf den ersten Blick zwar aussehen wie gewöhnliche Schaufensterpuppen mit zu wenigen Extremitäten, ich jedoch habe – vor allem, nachdem mein erstes Bier immer mehr zur Neige geht – ihre eigentliche Bestimmung erkannt. Erstere ist gekleidet wie eine Hure, die Zweite stellt ihre biedere Aufpasserin dar. Sie wachen über uns, zeigen uns unsere Schwächen und Stärken auf und … *ah so, ja, gleich kassieren, klar, sicher, bitte, machma vier, bitte gern, danke.*

Der Kellner reißt mich aus der angedeuteten Trance, ob das jetzt gut oder schlecht ist, lassen wir mal so im Raum stehen. Apropos im Raum – wo ist DJ Othmar L? Ich vermisse ihn, er soll mir Tom Waits und Johnny Cash vorspielen. Sein *No Depression*-Set macht mich immer wieder glücklich, siehst du, Othmar, du hast eine Person in dieser dreckigen Stadt erreicht. Wir verstehen uns.

Wir hier im Concerto scheißen auf Regeln. Wir sehen das rote Nichtraucher-Pickerl, fischen die Tschick aus der Tasche, zünden uns eine an und blasen den Rauch genüsslich in Richtung Lampenschirm aus Seil. Danach aschen wir bedächtig auf die Glasplatte über der Tischdecke (Wäsche waschen ist für Anfänger!), ein Hauch Steiermark steigt uns aus der Puntigamer-Reklame direkt in die Nase, wir erspähen das seltsame Wort »Alpensangria« (Zirbenschnaps mit Pfirsichen drin? Jägermeister mit einem Schuss Orange?) und sind froh, dass das Plakat an der Wand diverse Biersorten nur abbildet, aber nicht real darstellt, da wir es sonst nie und nimmer hier rausschaffen würden. Das Interieur und sein Siebzigerjahre-Charme machen es uns sowieso schon schwer genug, je wieder den Nachhauseweg anzutreten.

Doch ich bin noch nicht so weit, eins geht noch. Dafür muss aber, ganz proletoid und somit mir aus der Seele gesprochen, zuerst Platz geschaffen werden, und ich wanke, von einem leichten Damenspitz gezeichnet, zum Klo. *Nicht hinsetzen, nicht hinsetzen, setz dich nicht hin*, schießt mir durchs biergeschwängerte Gehirn. Nicht, weil wir hier im Concerto sind, sondern weil man das als Frau auf öffentlichen Klos generell nicht tut. Weil grauslich und nass und sowieso wäähh. Ich stehsitze oder sitzstehe, wie auch immer, also da und starre geistesabwesend die Wand an, bis mir vier Worte, scheinbar achtlos auf den Verputz gekritzelt, ins Auge springen. Ich brauche eine Weile, um sie zu entziffern, *Love is an … astfick*? Nein. *Love is an assfick*! So schaut's aus, meine Damen, Frauenzeitschriften nennen es gerne »das letzte Geschenk«, hier im Concerto aber sprechen wir von Liebe, wenn es um dieses äußerst delikate Thema geht.

Während ich spüle, höre ich von draußen die ersten Klänge von Tom Waits' »Mr. Siegal«. Tom und ich zusammen am Klo *in a Mexican whore house across the street from a Catholic church*, mit dieser eindeutigen Message an der Wand – der Abend könnte nicht besser sein. Also wieder raus an meinen Tisch und noch ein Bier gekippt. Der Kellner bedankt sich für mein üppiges Trinkgeld (für das sie dich in einem anderen Lokal nicht einmal anrülpsen) mit einem Wodka, den ich mir, über den Tisch mit dem DJ (nicht Othmar, aber hey, man kann nicht alles haben) anprostend, zu Gemüte führe, bevor ich endgültig aufstehe.

Love is an assfick, denke ich mir, nicke den sexy Schaufensterpuppen zu und verlasse durch die eine oder andere Tür den Saal.

»Schließlich gibt es hier die köstlichsten Flammkuchen von Wien bis Straßburg.«

Café Dezentral

Der Nino aus Wien

Adresse: **Ilgplatz 5, 1020 Wien**
Öffnungszeiten: **Mo-Fr 6-24 h, Sa-So 16-24 h**
Speisen: **lecker Flammkuchen und so**
Rauchen: **ja**
Charmefaktor: **pragmatisch**
WC-Situation: **leidlich**
Song zum Lokal: **Der Nino aus Wien, Abtauen Girl**
Wer das mag, mag auch: **Café Sperlhof, 1020**

Café Stern hieß es mal, vorher auch Café Sport und noch früher über längere Zeit Café Romantika. Heute heißt das am Ilgplatz gelegene Haus Café Dezentral. Der Ilgplatz, in der Kronen Zeitung vor einigen Jahren zum »hässlichsten Platz Wiens« gewählt worden, ist in meinen Augen ein schöner Platz, ein bisschen italienisch sogar, und in seiner Lage zwischen hysterischem Prater und windiger Donauluft gut platziert. Die Lage ist auch für mich persönlich gut, weil ich nur fünf Gehminuten entfernt wohne. Wenn du das Dezentral betrittst, leuchten dich orange Farben an, sodass ich das Lokal auch gerne die »Wiener Orange Bar« nenne, bezugnehmend auf das ehemalige Stammlokal von Lou Reed, die New Yorker »Orange Bar«. Die ist hier vielleicht gar nicht so bekannt, außer eventuell für Leute, die diverse Lou-Reed-Biografien gelesen haben.

Ich sitze jetzt im Lokal, bestelle ein Bier und überlege auch, mir einen Flammkuchen zu ordern. Schließlich gibt es hier die köstlichsten Flammkuchen von Wien bis Straßburg. Aber irgendwie habe ich heute keine Lust auf Flammkuchen, auch auf Bier nicht so richtig, gestern gab's viel Rotwein, zur Feier des Tages. Es war ein guter Tag, weil ich erstmals das neue »Der Nino aus Wien«-Album angehört habe. Ich glaube, ich bin jetzt noch so aufgeregt, dass ich wohl kaum einen ganzen Flammkuchen essen könnte. Aber wer weiß, gerade erfahre ich, dass heute die Champions League läuft, Borissow – Bayern. Ich habe es überhaupt nicht mitbekommen. Das Spiel beginnt in einer Stunde, ich bin noch beim ersten Bier und glaube nicht, dass ich heute etliche weitere Biere trinken werde, weil ich zu Hause auch noch etwas zu tun habe. Ich höre seltsame Musik gerade, im Dezentral. Das ist oft so, das Lokal überrascht dich immer wieder. Da gibt's keine klare Musikrichtung, keine Linie, da kann alles kommen. Von Linkin Park bis zu Britney Spears. Auch Beatles und Attwenger. Manchmal mag ich die Musik mehr, manchmal weniger, aber grundsätzlich bin ich nicht zum Musikhören hier. Meistens bin ich hier, um irgendwen zu treffen, Freunde, Bekannte, Leute, die ich sehen will, Leute, die mich sehen wollen, oder ganze Gruppen von Leuten, die sich dann gegenseitig anschauen. Ein gutes Besprechungslokal, auch ein gutes Trinklokal, ein gutes Fernsehlokal (während der Fußball-EM war ich sehr oft hier), aber auch ein gutes Esslokal, wenn man nicht unmenschlichen Hunger hat.

Jetzt ist so zirka der erste Tag, an dem ich drinnen sitze, seit letztem Winter. Der schöne Gastgarten mit tollem Ausblick auf den Ilgplatz kann schön langsam auf Urlaub fahren. Winter ist ja noch lange nicht, es ist gerade das Wetter, wo man sich nachts draußen erfrischt, tagsüber durchaus Wärme abkriegt und morgens fast friert. Zum Draußensitzen wäre es heute rein temperaturmäßig durchaus in Ordnung, aber es ist alles ein bisschen nass.

Jetzt habe ich das erste Bier ausgetrunken und schon genug davon. Diese ständige Biertrinkerei verstehe ich ja kaum. Ich trinke gern Bier, zum Essen zum Beispiel, oder ein Kleines nach und vor Soundchecks. Aber diese Sache mit 10 Krügerl trinken, liegt mir nicht. Da trink ich lieber eine Flasche Wein.

Jetzt aber bestelle ich neugierigerweise einen Mostspritzer. Es ist Mostzeit, und von meinen vielen Freunden vom Land weiß ich, dass man im besten Fall immer das zu sich nehmen sollte, was die Jahreszeit gerade anbietet. Jetzt wäre zum Beispiel anscheinend Most an der Reihe, sicherheitshalber gespritzt, und ja, er schmeckt. An den Geschmack kann ich mich gewöhnen. Man muss aber sagen, dass ich aus der Speisekarte des Dezentral schon so ziemlich alles ausprobiert habe. Freistädter Bier, Weißbier, Blaufränkischer, Gelber Muskateller, Gin Tonic, Schnäpse. Ist eh alles gut, keine Frage! Das beste Getränk ist wohl ohnehin das, was man gerade trinkt, in dem Fall eben der Mostspritzer.

Jetzt werden die Boxen aufgedreht, die Boxen, die irgendwie mit der Leinwand verbunden zu sein scheinen. Vorberichterstattung für das Bayern-Match. Mein Tipp ist klassisch, 2:1 für die Bayern, schauma mal. Aber ich traue den Weißrussen durchaus eine Überraschung zu.

Gerade schreibt mir jemand, ich soll in ein anderes Lokal kommen, ins Lokativ, nur 10 Minuten entfernt. Aber nein, ich sitze gut hier und das Match interessiert mich auch. Lokalwechsel sind in Wien natürlich sehr populär und auch gut, ich habe viele schöne Erinnerungen an Nächte, in denen ich in mehr als nur fünf Lokalen trank. Aber das muss heute nicht sein, schließlich habe ich zu Hause auch noch etwas zu tun.

Rauchen kann man hier, das ist sehr wichtig! Solange ich vom Nikotin abhängig bin, ist mir das mit dem Rauchen auf alle Fälle wichtig, und hier kann man gut rauchen, draußen sowieso, drinnen auch sowieso! Ich glaube, seit ich hier bin, habe ich wohl schon acht John Players geraucht, und ich bin erst so lange hier, wie der Text bis dahin lange ist, also nicht allzu lange. Aber es schmeckt halt schon sehr gut und passt auch hervorragend zum Mostspritzer!

Das Glas mit Letzterem ist halb voll, ich bekomme langsam Hunger, will aber keinen Flammkuchen. Irgendwie will ich heute mal was anderes ausprobieren, also bestelle ich einen Schinken-Käse-Toast.

Das Match hat schon begonnen und es sieht gar nicht so gut aus für die Bayern. Ein paar Leute sind im Lokal, die das Match anschauen, nicht viele, vielleicht 10 oder 11. Das Spiel findet in Minsk statt, der Schlechtwetterstadt schlechthin, und der Schiedsrichter kommt aus Mazedonien, einem Land, zu dem ich irgendwie eine Connection habe. Borissow geht in Führung, ich fände es stark, wenn sie gewinnen könnten. Ich bestelle noch einen Mostspritzer, aber das ist der Letzte, weil ich muss schon wieder nach Hause. Zu viel zu tun zu Hause, gar nicht so große Lust, im Kaffeehaus zu sitzen heute. Und ein Kaffeehausliterat bin ich irgendwie auch nicht, es war gar nicht so leicht für mich, im Lokal sitzend diesen Text zu verfassen.

»Der Herr mit dem Hund, der so alt ist, dass er im Gehen einschläft.«

Café Engländer

Barbara Mader

Adresse: **Postgasse 2, 1010 Wien**	Charmefaktor: **beinahe zwingend**
Öffnungszeiten: **Mo–Do, Sa 8–1 h, So 10–24 h**	WC-Situation: **leicht zu verwechseln**
Speisen: **ambitionierte feine Küche + Mittagsmenü**	Song zum Lokal: **Rod Stewart, True Blue**
Rauchen: **auch**	Wer das mag, mag auch: **Café Drechsler, 1060**

Du kannst kommen, wann du willst. So wie jetzt, auf ein Achterl nach der Arbeit, aber wirklich nur eins. EINES.

Du kannst in der Früh kommen. Buttersemmel, die Butter nicht steinhart und im Packerl, sondern da, wo sie hingehört, auf der Semmel, weil in der Früh selber schmieren: nein. Außerdem: Von *Süddeutsche* bis *Lesezirkel*, alles da.

Tagsüber ist der Engländer ein Lokal, in dem die Ober mit »Herr« plus Vorname angesprochen werden. Der Herr Walter zum Beispiel. Bringt den Sektionschefs und den Touristen und den Damen, die auch im Lokal immer die Fellmützen (oder Pudelhauben) auf dem Kopf lassen, den Apfelstrudel. Mit oder ohne Schlag. Der Kaffee heißt nicht Cappuccino und auf der Melange schwimmt auch kein Fetthauberl aus dem Isi-Siphon. Am Sonntagnachmittag kannst du auf ein Wiener vorbeischauen.

Das spielt sich aber meistens im hinteren Bereich des Lokals ab. Dort, wo es nicht nach Zigaretten stinkt. Oder duftet, je nach Vorsatz. Dort, wo die Sitzbänke aus rotem Samt sind statt wie vorne, im Raucherbereich, aus grünem Leder.

Der Engländer ist ein Lokal, das sehr parzelliert ist. In Reviere geteilt. Die Stammgäste sitzen fast immer vorne beim hellgrünen Leder (Ausnahmen gibt es freilich). Die Touristen hinten. Oder die Journalisten, die Interviews machen wollen. Geheimgespräche braucht hier aber keiner führen. Es ist eher so: Wenn du willst, dass sich ein Gerücht ganz schnell verbreitet, dann streue es – ganz geheim – im Engländer.

Also: Vorne die Stammgäste. Wer sich dazuwähnt, aber nicht raucht, hat Pech gehabt. Hier herrscht Rauchgebot. Wer hier rauskommt, riecht, als habe er im Aschenbecher übernachtet. Es wird dann eh wieder so gewesen sein. Du kommst auf ein Achterl, höchstens zwei. Genau. Nach drei Waldschütz – der Clemens ist immer sehr besorgt, dass man eventuell austrocknet – muss es ein Schinkenbrot sein. Mit so viel Kren, dass der Kopf wehtut. Der Kren drückt von innen auf die Stirn.

Vorne links hat ein Stammgast ein Messingschild mit seinem Namen an der Bar. Da steht jetzt wieder die kleine Frau mit dem Dackel, sie schaut immer nur auf einen Sprung vorbei. Daneben, am Stehpult, lehnen der Zahnarzt und der PR-Fritz. Sie gehören zum Inventar. Du hörst ihnen mit einem halben Ohr zu. Es geht wieder um Sohn-Sorgen. Kinder-Sorgen, ja, hast du selber, es muss noch ein Achtel Waldschütz her. Der Anwalt, der dem Nationalbank-Nowotny so ähnlich schaut (aber magerer), kommt später.

Hin und wieder – an schlechten Tagen oder überhaupt gleich Sonntagnachmittagen – kommt es vor, dass hier jemand sitzt, den man nicht kennt. Dann, na ja. Nicht, dass man es ihm verbieten kann, aber man mag das nicht. Touristen würde man gerne einweihen, dass sich das nicht gehört. Nix für ungut.

Der Herr mit dem Hund, der so alt ist, dass er im Gehen einschläft. Der Mann raucht schweigend eine und dann noch eine Zigarette, schaut bei der Glastür hinaus auf den Gehsteig, trinkt ein kleines Bier. Ein alter Bekannter ist er hier, man spricht ihn mit dem Nachnamen an, wahrscheinlich irgendwie verballhornt. Der Bulli oder Bärli oder Bolo oder so. Ich versteh es nicht genau. Der Hund mit der weißen Schnauze seufzt im Schlaf unterm Tisch. Bodo bringt ihm ein Keks. Zu niemandem sonst ist Bodo so nett wie zum Hund. Stimmt nicht ganz, aber Bodo legt Wert drauf. Strenge gehört zu seinem Image. Wehe, wenn ich ihn jetzt verrate. Bodo ist nämlich kein Herr Ober. Bodo ist der Chef hier, also der Barchef. Sagt zwar niemand, aber man weiß das. Jetzt traut sich einer allen Ernstes, einen Aperol-Spritzer zu bestellen, Bodo hebt (heimlich) eine Augenbraue. Ich sehe es im Spiegel hinter der Bar. Wenn der Gast einer gewesen wäre, den der Bodo kennt, dann hätt er noch gesagt: »Det is aber jetz nich dein Ernst.« Ärger wäre nur eine heiße Schokolade. Mit Schlag.

Ich bleibe brav beim Waldschütz, der macht keine Umstände. Man weiß, was geht und was nicht.

Du warst also um sieben da und wolltest nur ein, höchstens zwei Achterln. Dann kommt aber der Sebastian, der trinkt zwar sonst immer nur Ginger Ale, aber weil heute ein besonderer Tag ist, trinkt er doch was anderes. Da kannst du jetzt nicht einfach gehen. Von deinem Platz weggehen kannst du sowieso nicht, weil du dich, ohne dass du es bemerkt hast, so an der Bar platziert hast, dass es der einzige Ort ist, von wo aus du die Fußballfans hinter dir nicht störst. Die sitzen, du stehst, schräg über dir hängt der Fernseher, groß, flach. Wichtig. Was war das für ein wunderbarer Anblick, als der Engländer-Chef damals auf der Bar herumgeturnt ist, um das Glumpert einzurichten. Es ist gelungen. Musste. Der Chef ist, obwohl Träger von Seidentüchern mit Paisleymuster, ein großer Rapid-Fan. Es gibt unter ihnen also auch elegante Erscheinungen. Und wenn ein wichtiges Match ist, dann wird es hier wahrgenommen. Zwischen Gleichgesinnten. Da werden die Elegantesten emotional, um nicht zu sagen laut. Jessas! Wo bin ich hier hineingeraten. Aber zwei Achtel weiter bin ich auch ein großer Fan, Expertin sowieso. Der arme Sebastian muss sich das jetzt anhören.

Es gibt natürlich auch Stammgäste, die sich das Theater da vorn an der Bar nicht antun. Der Kabarettist zum Beispiel, der im Simpl nebenan arbeitet, der kommt oft zum Essen, und das geht unten, an den Tischen bei den dunkelroten Samtpölstern, gemütlicher. Außerdem: Vermutlich ist er einer, der oft raucht und oft aufhört, also schwankt zwischen der Wahrnehmung von Tschikgestank und Zigarettenduft.

Außerdem ist da unten nicht so ein Bahö. Der bärtige Filmchef, der nebenan wohnt, der ist auch keiner, der gern vorne im Getümmel steht. Es muss jetzt um zehn herum sein (Match ist aus), der Bärtige geht mit wehendem Mantel an der Bar vorbei, in den hinteren Teil des Lokals und isst. Gulasch mit Salzstangerl. Er ist auch der Einzige, dem man hier einen Kaffee zum Mitnehmen gestattet. Das Häferl bringt er eh wieder zurück. Man hat ihm hundertmal gesagt, es wäre doch billiger, sich eine Kaffeemaschine zu kaufen. Aber er bleibt stur.

Hat doch tatsächlich einer eine heiße Schokolade bestellt. Bodo schüttelt nur mehr den Kopf. Det kann doch nich wahr sein. Aber das ist jetzt wieder typisch. Die Gäste aus dem Simpl. Ganz eigene Leute.

Plötzlich ist es knallvoll, die Küche muss sich ein letztes Mal anstrengen. Das Schnitzel wird so laut geklopft, als wär das Kalb nicht schon tot. Jetzt trau ich mich nicht, auch noch was zu bestellen. Das Schinkenbrot ist drei Stunden her. Ich esse das Gurkerl und den Rest Ketchup, den Sebastian auf seinem Teller übrig gelassen hat. Ich hätte auch noch so gerne so einen fettigen Toast. Wo doch der Koch vom Böhle jetzt wieder dasteht und doziert, was er wieder Herrliches gekocht hat.

Kurz nach zwölf kommt der schweigsame Gewerkschafter. Er hat wieder Lohn verhandeln müssen. Er schaut noch trauriger als sonst. Bodo stellt ihm kommentarlos ein großes Bier hin. Die Gewerkschaft mag keine Überraschungen. Ein Metaller ist er. Ein angenehmer Mensch. Mit ihm trink ich mein letztes Achtel heute. Denn die Sperrstunde, die kommt pünktlich. Länger offen halten bringt nix, weil die Besoffenen konsumieren nicht so viel, wie sie mühsam sind. Erklärt uns der ehemalige Kellner, jetzt Sportjournalist, der sich noch zu uns gesetzt hat. Er verdient jetzt nur mehr die Hälfte von damals, als er hier auf der anderen Seite der Bar stand. Aber ein kleines Reinighaus geht sich noch aus, jetzt, kurz vor eins. Endlich is eine Ruh hier.

CAFÉ
ENGLÄNDER
WIENER KÜCHE

»Ein Mann, ein Wort, ein Bier.«

Café Heumarkt

Clarissa Stadler

Adresse: **Ilgplatz 5, 1020 Wien**	Charmefaktor: **pragmatisch**
Öffnungszeiten: **Mo–Fr 6–24 h, Sa–So 16–24 h**	WC-Situation: **leidlich**
Speisen: **lecker Flammkuchen und so**	Song zum Lokal: **Der Nino aus Wien, Hab keine Angst**
Rauchen: **ja**	Wer das mag, mag auch: **Café Sperlhof, 1020**

»Wer das Café Heumarkt kennt,
hat in seinem Leben schon einiges gesehen.
Wer hier Stammgast ist, erst recht.«

Das Heumarkt ist die geheime Loge der Freunde des Nihilismus. Alle Eigenschaften, die es besitzt, sind in Wahrheit die Abwesenheit von Merkmalen eines typischen Wiener Kaffeehauses. Es ist nicht gemütlich, es hat keine gedämpft klirrende Akustik, es gibt keine Ober in Livree. Der leer geräumte Saal gleicht eher einer Turnhalle als einem Salon, und statt Holztäfelungen regiert hier ehrliches Resopal. Die Atmosphäre ist entschlackt von Messing, Mahagoni, Pflanzen und Zierrat. Für Nippes hätte der Sparverein, der im abgetrennten Raucherabteil regelmäßig tagt, auch weder Verwendung noch Verständnis.

Ich betrete das Lokal um sieben Uhr abends und es ist, wie die meiste Zeit, fast leer. Ich steuere auf eine Fensternische zu und lasse mich in die hundertfach geflickte Skai-Polsterung fallen. Ein Bier könnte diesen Tag noch retten, umso mehr als es ein Stiegl ist. Wie schon erwähnt, braucht man sich hier nicht mit öligem Geschwätz und sogenanntem Wiener Schmäh herumschlagen. Hier bedient der Chef im weißen Arbeitskittel und es geht pragmatisch und effizient zu. Ein Mann, ein Wort, ein Bier. Erfreulicherweise hat hier der gebackene Emmentaler mit Preiselbeeren überlebt, ein Geschenk des Himmels.

Nicht nur architektonisch gibt das Heumarkt Rätsel auf. Ist die überdimensional fette Steinsäule ein historisches Gemäuer oder ein Theaterrequisit aus Pappmaché? Wer ist der Mann in kurzen Hosen und grauem Arbeitskittel (der Bruder des Weißmantels?), der die ganze Zeit mit Reparaturteilen durch das Lokal rennt?

Der Chef hat, ohne dass es irgendwie aufgefallen wäre, blitzschnell meinen Emmentaler zubereitet und serviert und widmet sich jetzt einer Runde, die plötzlich um die Steinsäule Platz genommen hat. Offenbar handelt es sich um einen jugoslawischen Herrenabend, die Senioren sind glänzend gelaunt.

Sonst ist hier akustisch nicht viel los. Eine Kuchenvitrine in der Mitte des Raumes ist für den Sound zuständig – alle ein bis zwei Stunden beginnt das antiquierte Kühlaggregat laut zu brummen, dann ist wieder Ruhe.

Es ist jetzt acht Uhr und Michael, der in der Nachbarschaft wohnt, hat versprochen, auf einen Sprung vorbeizuschauen. Zum vierten Mal rennt der Mann mit dem grauen Arbeitskittel durch das Lokal, diesmal hat er von draußen einen Kübel Farbe oder Öl mitgebracht, so genau kann man das aus der Entfernung nicht sagen. Michael sagt, dass hier das ganze Jahr über die Markise an der Außenwand des Cafés repariert wird, sommers wie winters, mittags wie abends. Sie werkeln und hantieren an dem alten Gestänge herum, ohne dass man jemals eine Markise gesehen hätte. Auch der Schanigarten ist ein Phantom. Zwar stehen im Raucherzimmer (Sparverein!) jede Menge weißer Plastikstühle gestapelt. Aber einen Gartenbetrieb kann man sich am Heumarkt einfach nicht vorstellen. Vielmehr zieht es die Besucher in die blickdichte Atmosphäre des Innenraums, dessen Fenster, milchig verschleiert, das ganze Jahr über ein von Wetter und Saison unbehelligtes Mikroklima gewährleisten.

Michael ist einverstanden, wir inspizieren die Bar (Marillenbrand, Averna, Tequila, Magenbitter) und bestellen einen Absacker. Selten war Trinken so wenig sündig wie hier. Der weiße Arbeitsmantel des Chefs lässt einfach keine frivole Stimmung aufkommen. Es ist, als würde der

Schulwart einen ausgeben und die Sache wäre irgendwie grundvernünftig.

Das muss einmal anders gewesen sein. Eine Schwarzweißfotografie an der Wand zeigt das alte »Café Josef Roth«, Ecke Heumarkt, Beatrixgasse. Es wirkt solide bürgerlich, eine Kolonne Fiaker defiliert auf dem Boulevard. Zu einer Zeit, als nicht nur die Welt noch in Ordnung war, sondern – das kann man auf dem Foto deutlich sehen – auch die Markise.

Die Herrenrunde hat die grell beleuchtete Bühne verlassen. Ein Neonring im Alurahmen-Entree, Neonröhren in den hohen Fenstern und große Luster mit tipptopp Ökoglühbirnen sorgen für eine Helligkeit, die nicht allen Details im Heumarkt schmeichelt. Möglichweise wurde der Neorealismo hier im Café Heumarkt erfunden. Das könnten wir Jan Tabor fragen, den Architekturkritiker, der die verrücktesten Dinge weiß und der sich gerade am anderen Ende des Billardtisches ebenfalls in eine Fensternische gezwängt hat. Aber er redet nur auf uns ein und erzählt was von einer Kunstkolchose, die er gegründet hat, und dass wir uns für deren Eröffnung demnächst einen Termin freihalten müssten.

Der Mann im weißen Arbeitsmantel hat noch ein Bier auf den Tisch gestellt, während der andere im grauen Kittel wieder mit einer Leiter durch das Lokal rennt. »Die Markise«, lacht Michael.

»Prost«, sage ich.

»Musiker, Kulturmanager, Journalisten, Leute, die eine große Zukunft hinter sich haben.«

Kleines Café

Peter Zimmermann

Adresse: Franziskanerplatz 3, 1010 Wien
Öffnungszeiten: Mo–Sa 10–2 h, So 13–2 h
Speisen: Snacks
Rauchen: Ist der Papst katholisch?
Charmefaktor: groß, aber für Fortgeschrittene
WC-Situation: Für die kleine Not reicht's
Song zum Lokal: T. Waits, Piano Has Been Drinking
Wer das mag, mag auch: Café Alt Wien, 1010

Irgendwann ist man ein Sack, vollgestopft mit Erinnerungen, die für die Welt so wertvoll sind wie faule Kartoffeln, aber man selbst wird davon satt. Irgendwann ist man so alt, dass man mit dieser Einsicht gut leben kann. Das ist die Zeit, in der man nicht mehr so oft ausgeht, eben weil einem das vergammelte Zeug im Magen liegt. Jetzt ist man hungrig auf anderes. Das Abhängen in Lokalen überlässt man den Jüngeren, die nicht gleich Kopfschmerzen bekommen, wenn sie fünf Zigaretten rauchen. Von der früh einsetzenden Müdigkeit will ich gar nicht erst sprechen.

Marcel Proust war noch einigermaßen jung, wenngleich schon weit über seiner Lebensmitte, als er einen Satz aufschrieb, der sein berühmtester wurde: *Lange Zeit bin ich früh schlafen gegangen*. Der Satz geht noch weiter, auf ihn folgt die ganze Suche nach der verlorenen Zeit, aber er gehört zu meinen unauslöschlichen Erinnerungen, genauso wie die Paraphrase auf ihn in Sergio Leones *Once Upon a Time in America*: Nachdem er 30 Jahre lang abgetaucht war, wird der Ex-Ganove Noodles Aronson von einem alten Freund gefragt: Was hast du die ganzen Jahre über gemacht? Aronson antwortet: Ich bin früh schlafen gegangen. So ist das, wenn man sein Leben ändert. Es kommt nie etwas Besseres nach. Aber diese Lektion lernt man erst spät.

Lange Zeit bin ich, anders als heute, spät schlafen gegangen, weil ich fast jeden Abend aus war, im Kino, essen, trinken oder alles hintereinander. Früher, also in den achtziger und neunziger Jahren, konnte ich mir das mühelos leisten, Taxifahrt inklusive. Heute müsste ich dazu den

Bankomat öfter abmelken, als es meinem Konto guttäte. Es ist keine gute Zeit mehr für Hedonisten! Und auch wenn ich nie ein bekennender Stammlokalbesucher gewesen bin, gab es doch Orte, an denen ich mich äußerst regelmäßig einfand – nicht weil sie schön gewesen wären, sondern weil sie, nachdem man sie betrat, etwas zum Verschwinden brachten, was kurz zuvor noch da war. Oft war ich im Kleinen Café in der Franziskanergasse, manchmal bin ich es noch heute, wenngleich ich dem in Zeiten der gesteigerten Körperwahrnehmung zum Prinzip erhobenen Sauerstoffmangel nichts abgewinnen kann.

Als Selbstbeschädigung noch Teil des antikapitalistischen Kanons war, bot sich das Kleine Café als Bühne fürs schöne Scheitern all jener an, denen es um die Pose ging und nicht ums tatsächliche Verrecken im Prekariat. Man durfte sich arm fühlen, ausgegrenzt, missverstanden, ohne es tatsächlich zu sein, und der arme, ausgegrenzte, missverstandene Architekt Hermann Czech hat dieses Lokal Anfang der siebziger Jahre so gestaltet, als wäre dieser enge, feuchte, schlecht belüftete, übertemperierte Schlurf nie etwas anderes gewesen als der traurige Rest einer Absinthabsteige aus dem späten 19. Jahrhundert.

Das Kleine Café war und ist immer noch eine Herberge für bourgeoise Bohemiens, die Ben-Becker-mäßig auf verkommen machen und dabei dennoch ihre guten Manieren nicht vergessen: Menschen aus dem André-Heller-Umfeld ebenso wie ehemalige Junglehrer, die nach dreißig Jahren immer noch aussehen wie ehemalige Junglehrer; Musiker, Kulturmanager, Journalisten, Leute, die eine große Zukunft hinter sich haben – im Lauf der Jahre bin ich schon mit vielen Knie an Knie gesessen, und keiner von ihnen hatte eine leere Brieftasche. Im Kleinen Café bin ich nie in die Verlegenheit gekommen, jemanden einladen zu müssen, dafür fand ich mich stets aufgehoben in jener Ansammlung equilibristischer Lebensläufe, die für ideologiefreie Linksliberale kleinbürgerlicher Herkunft vor 20, 30 Jahren nicht untypisch war, heute allerdings zunehmend kurios anmutet. Franz Kafka hat das angesichts *japanischer Gaukler* einmal so beschrieben: Sie klettern auf eine Leiter, die nicht auf dem Boden aufliegt, sondern auf den emporgehaltenen Sohlen eines halb Liegenden, und die nicht an der Wand lehnt, sondern nur in die Luft hinauf geht …

Ich muss nicht betonen, dass Szenen aus der Mutter aller Bobo-Filme, Richard Linklaters *Before Sunrise*, hier gedreht wurden. Das mochte auch mit dem Besitzer dieses postmodernen Ersatzhawelka zu tun gehabt haben, mit Hanno Pöschl, der, seit ich mich erinnern kann, immer so etwas wie ein Schauspieler, am Ende aber doch einfach nur Hanno Pöschl war. Ob er in seinem Lokal der beste Gast war, ob er hier kellnerte, Burschenschafter vor die Tür setzte, nicht mehr ganz jungen Damen tief in die Augen schaute oder an anderen Orten vor einer Filmkamera stand, war einerlei. Er war immer der Darsteller seiner selbst. Auch wegen Pöschl ging man ins Kleine Café, weil er tatsächlich so durchgeknallt und gleichzeitig so harmoniebedürftig sein konnte wie in *Exit – Nur keine Panik*, einem der wenigen Achtziger-Jahre-Szenefilme, den man sich heute noch mit Gewinn anschauen kann. Mit Pöschl hatte und hat es vermutlich nach wie vor zu tun, dass die Gäste seines Lokals eben nicht die Neubauer und Josefstädter Bio- und Verganerbobos sind, die Lachen für eine neofaschistische Grußformel halten, sondern Menschen mit grundsätzlich hedonistischer Neigung, die Lunge und Leber nicht übermäßig schonen und auch schon einmal einen sexistischen Witz aushalten.

Und das Beste ist, dass sich im Kleinen Café in den drei Jahrzehnten, in denen ich dort verkehre, nichts geändert hat. Du kommst bei der Tür rein und fällst in ein Zeitloch. Der ehemalige Junglehrer sitzt immer noch da, wo er 1982 schon gesessen ist, grau geworden, aber immer noch mit der Kellnerin sprachwitzig kommunizierend. Pöschl ist in die Breite gegangen und tritt nur mehr hie und da in zweifelhaften Fernsehserien als Nebendarsteller auf, ist aber immer noch von Weitem als Pöschl zu erkennen. Und die Toilette ist nach wie vor so eng, dass selbst untergewichtige Menschen wie ich kaum die Hose zu öffnen imstande sind. Die Seele ist eben der natürliche Parasit des Körpers, sie zehrt ihn aus, lässt ihn mitunter alt aussehen, wenn sie jung bleiben möchte. Die Körper gehen den Weg des Zerfalls, die Seelen halten sich drei, vier Jahrzehnte und mehr aufrecht auf den Bänken, Sesseln und Hockern des Kleinen Cafés.

Im Jahr 2000 hat Hanno Pöschl gleich um die Ecke gemeinsam mit dem Koch Sigi Immervoll ein Gasthaus eröffnet, das zehn Jahre lang unter dem Namen Immervoll ein Begriff unter jenen bourgeoisen Bohemiens war, die in Wirklichkeit längst schon lebende Klassiker und damit eigentlich nur mehr bourgeois waren: Großarchitekten wie Wolf Prix und Hans Hollein, Großkünstler wie der kürzlich verstorbene Walter Pichler, Großproduzenten wie Carl Spiehs, Regisseure, Schauspieler – Menschen jedenfalls mit hohem Wiedererkennungswert, aber auch Höchstrichter, Verwaltungsbeamte, Pressekorrespondenten, Touristen und eine Handvoll Überläufer aus dem Kleinen Café. Dazwischen, als Gast, Kellner, Türsteher und Damenbeglücker: Hanno Pöschl.

Seit 2010 heißt das Lokal Gasthaus Pöschl, weil Sigi Immervoll beschlossen hat, irgendwo im Wienerwald aufzukochen. Aber Pöschls Kunst besteht darin, keine Veränderung zuzulassen. Wenn es auf dieser Welt einen Entschleunigungsexperten gibt, dann ist er es. Seit zwölf Jahren schmeckt das Wiener Schnitzel bei ihm, wie es bereits am ersten Tag geschmeckt hat, nämlich gut. Und teurer als anderswo ist es auch nicht. Wenn man Glück hat, trifft man beim Wechsel vom Gasthaus Pöschl ins zwei Minuten entfernte Kleine Café Pöschl da wie dort an, und man weiß nicht, ob man träumt oder schon so betrunken ist, dass man womöglich im Kreis gelaufen ist. Und wenn ein Wunder geschieht, begegnet man Anna Netrebko, die wohnt da, ganz oben, fast im Himmel, genau zwischen Hanno Pöschls beiden wundersamen, aus der Zeit gefallenen Etablissements. Mir ist das Wunder noch nicht zuteil geworden, aber ich denke, ich gehe seit einigen Jahren einfach zu früh schlafen. Früher hatte ich den Teufel im Leib, lese ich bei Maupassant, und jetzt bedaure ich bloß noch, dass es vorbei ist. Es geht schnell, das

Leben! Wenn ich dann doch noch, mich selbst überlistend, ins Kleine Café husche, freue ich mich vor meinem Bier diebisch darüber, dass nichts vorbei ist, solange ich hier sitze.

»Vor Jahren hatten sie mal eine Köchin aus Banja Luka, die konnte Strudel backen, dass sogar meine Oma erblasst wäre.«

Café Korb

Clarissa Stadler

Adresse: **Brandstätte 9, 1010 Wien**
Öffnungszeiten: **Mo–Sa 8–24h, So 10–23h**
Speisen: **leckere Kaffehausküche, 1a-Mehlspeisen**
Rauchen: **bis der Arzt kommt!**
Charmefaktor: **bohemién-bourgois**
WC-Situation: **bewusstseinserweiternd**
Song zum Lokal: **The Troggs, Wild Thing**
Wer das mag, mag auch: **unvergleichlich**

Das Café Korb liegt an einer beliebten Fiaker-Route. Pausenlos klappern bei schönem Wetter die armen Gäule um die Ecke der Tuchlauben. Man muss aber nicht zu Pferd anreisen. Man kann auch bequem sein Fahrrad vor dem Lokal anbinden und zu Fuß einreiten.

Es ist sonnig, aber frisch, einer von diesen unentschlossenen Tagen, die nicht wissen, ob sie sich noch dem Spätsommer zuzählen sollen, oder schon dem Frühherbst. Ich kreise eine Weile unentschlossen über die Terrasse und durch das Lokal und nütze die Gelegenheit, um das Tagesmenü zu studieren. Im Korb wird stramme Hausmannskost serviert, die sich von gastronomischen Moden noch nie hat beeindrucken lassen. Man kann seinen inneren Kompass also schon mal auf »Gefüllte Paprika«, oder »Schinkenfleckerl« oder so was in der Art richten. Heute gibt sich die Karte betont saisonal und wartet mit einer Fantasie von Pilzgerichten auf. Eierschwammerl auf Salat, Steinpilze auf Nudeln, ein halber Wald, mitten in Wien.

Dann wird draußen ein Tisch frei und der Ober macht eine lässige Bewegung mit dem Kinn (mit den Händen kann er nicht, er trägt zwei Tabletts), dass ich mich dort hinsetzen könne. Zum Achtel Weiß bestelle ich Gemüseauflauf, eine ziemlich mutige Entscheidung, denn im Korb ist man eher auf Fleisch eingestellt. Das liegt daran, dass die Küchenkräfte aus den südlichen Nachbarländern stammen und noch die Kunst der original k. und k. vitaminfreien Küche beherrschen, die es früher überall in Wien gab, bevor Basilikum, Balsamico und Co. Einzug hielten. Vor Jahren hatten sie mal eine Köchin aus Banja Luka, die konnte Strudel backen, dass sogar meine Oma erblasst wäre. Die Mehlspeisen im Korb sind überdurchschnittlich groß (fast so, als machten sie sich über ihre homöopathisch portionierten Brüder und Schwestern in den Konditoreien der Innenstadt lustig) und sind in einer gut beleuchteten Vitrine ausgestellt. Dieser Schaukasten hat etwas Museales mit seinen Exponaten aus der Urzeit der Mehlspeisküche. Wer einmal sehen will, wie Topfenstrudel wirklich aussieht, wie er sich dick und fett in seiner Pfanne räkelt und schlängelt, wer Torten in ihrer ganzen Obszönität betrachten will, für den ist die Vitrine also Pflicht.

Das erste Achtel steht auf meinem Tisch, das Revier ist markiert, ich kann also getrost ins Innere des Cafés gehen und mir eine Zeitung holen.

Das »Korb« hat irgendwie eine gute Geografie, was den Raum angeht, obwohl oder vielleicht gerade weil es innenarchitektonisch so eine Katastrophe ist. Man kann überall sitzen und kommt doch zu keinem Tisch richtig durch, ein typisches Kennzeichen für echte Kaffeehäuser, in denen man mehr wohnt als gastiert. A propos ›gastieren‹, vielleicht stammt daher ja der legendäre Spruch aus der Tante Jolesch »Der Gast is a Tier« …

Tier oder nicht, der Gast findet im »Korb« inmitten dieses Kuddelmuddels aus Tischen und zu vielen Stühlen jederzeit die wichtigsten verlässlichen Inseln des Überlebens: Die schon erwähnte Mehlspeisvitrine schließt den Hauptraum zur Küche hin ab und steht dort wie ein süßer Leuchtturm quasi als trennende ›Budel‹. Der Zeitschriftentisch stellt sich einem sofort in den Weg, sobald man das Lokal betritt, egal, ob sommers über den Schanigarten oder winters durch die Eingangstüre, ist also goldrichtig positioniert in der Landschaft.

Zur Unübersichtlichkeit des »Korb« passt auch, dass an den Wänden ganz beiläufig Kunstwerke hängen, die man entweder gar nicht sieht, oder irgendwann zufällig entdeckt, so nach dem ungefähr fünfzigsten Besuch. Bei den Fotos handelt es sich um Devotionalien aus den sechziger und siebziger Jahren, als die Chefin des Café Korb,

Susanne Widl, jung und wild war und mit ihren Freunden Peter Weibel und Valie Export Kunstorgien gefeiert haben muss, dass es nur so rauscht. Mal Vamp, mal Domina zeugt die Widl auf den Bildern von einer Zeit, als Kunst nicht aus dem Computer kam, sondern aus dem Bauch. Wer genau hinsieht, erkennt die Kaffeehausmuse als Modell in einer frühen Arbeit von Valie Export, hingegossen, ganz Körper, ganz Material. Heute fällt mir auf, dass diese Arbeit, die lange Zeit direkt über dem Abgang in den Keller (und zu den Toiletten) hing, ihren Platz gewechselt hat. Es ist nämlich keinesfalls so, dass dieses Kaffeehaus irgendwie erstarrt wäre! Die Widl hat dem Lokal vor einigen Jahren ein paar radikale Neuerungen verpasst: Im Souterrain ließ sie Peter Kogler machen, was er wollte und der Künstler entwarf für den Raum, der für Lesungen und als Kegelbahn genutzt wird, eine Tapete, die es locker mit jedem LSD-Rausch aufnimmt. Bewusstseinserweiternd wirken auch die Klokabinen, die jemand entworfen haben muss, der denn Klogängern gratis eine halluzinatorische Erfahrung auf den Weg geben möchte.

In scharfem Kontrast zu den Blumentöpfen im Fenster des Kaffeehauses (ich glaube, diese Pflanzen heißen Aspidistra, sie stehen üblicherweise in Fleischhauer-Auslagen in der Provinz, George Orwell widmete ihnen übrigens ein Buch mit dem Titel »Keep the Aspidistra flying«) stehen oder besser liegen die Speisekarten, bei denen die Widl ganz rigoros mit New Wave drübergefahren ist. Ich glaube, dieser Frau ist der Zeitgeist ziemlich wurscht, sie beschloss schon vor Jahren, die Karten und Zündholzschachteln in Neongelb, Signalorange und Leuchtstiftgrün einzufärben und ihnen eine astreine Achtziger-Grafik zu verpassen, bevor Synthiepop und Annie Lennox-Frisuren wieder in Mode kamen (auf der Rückseite der neongelben Streichholzschachtel übrigens eine ziemlich heiße, oder sollte man besser sagen feuchte? Abbildung der Chefin, allerdings sehr klein, wohl aus Gründen des Jugendschutzes).

Als ich wieder zu meinem Tisch ins Freie zurückkehre, steht der

Gemüseauflauf auf dem Tisch. Liebevoll in einer ovalen Keramikform überbacken. Gratin gewordene Wellness-Fantasie einer Mehlspeisköchin aus dem zerfallenen Jugoslawien.

AFE KORB

Café malipop

Café Malipop

Ernst Molden

Adresse: **Ungargasse 10, 1030 Wien**
Öffnungszeiten: **Mo-Sa 19-2/4 h, So geschlossen**
Speisen: **Toast nach Art des Hauses**
Rauchen: **jawohl**
Charmefaktor: **streng, aber gerecht**
WC-Situation: **göttlich, formidabel (strenge Wirtin)**
Song zum Lokal: **Ernst Molden, i sauf**
Wer das mag, mag auch: **unvergleichlich**

Die Ungargasse im Dritten ist eine Schlucht, eine melancholische, aber gleichwohl schöne Schlucht. In der Ungargasse spielen weite Teile von Ingeborg Bachmanns Roman »Malina«. Wer dieses Buch gelesen hat, geht wahrscheinlich noch einmal anders durch die Ungargasse und empfindet die bourgeoise Traurigkeit des Straßenzugs wie mit Rotstift unterstrichen. Durch die gesamte Ungargasse fährt der O-Wagen, eine der ehrwürdigsten Straßenbahnlinien der Stadt, er fährt eilig, blaue Blitze von der Oberleitung schleudernd, brüllend im Widerhall des Mauerwerks. Manche Menschen, die hier Zeit verbringen, sagen Nuller zum O-Wagen. Menschen, die im Malipop trinken, zum Beispiel.

Das Malipop liegt im untersten Ungargassenstück, dort, wo die Häuser am engsten stehen, im schattigen Erdgeschoß eines Eckhauses, seit mehr als dreißig Jahren. Das ist kein Café, kein Wirtshaus, das ist ein Lokal aus einer Zeit, in der man gerade begann, zu einem Lokal auch Lokal zu sagen. Frau Lisa und Frau Margit, Freundinnen, haben es miteinander aufgesperrt. Frau Lisa ist lange fort, und Frau Margit ist jetzt das Malipop. Für sie gilt, was Nick Cave einmal ehrfurchtsvoll über June Carter-Cash gesagt: »She's a movie.« Alterslos, immer in Schwarz, perlenbehängt, Kette rauchend.

Und so wie Frau Margit an die Pin-ups des Existenzialismus erinnert, könnte man ihr in Wien seinesgleichen suchendes Lokal nehmen und in einer Pariser Hipsterstraße fallen lassen, es wäre einfach immer schon dagewesen. Für Berlin wär das Malipop, na ja, fast zu hübsch.

Ein ganz schmaler Raum auf zwei Ebenen, Marmortischerln, Lederbänke an der Wand, ein Mordstrumm Philodendron, schwarz gewordener Parkettboden. Und wie eine Haut der Rauch aus drei Jahrzehnten, das muss der Mensch mögen. Ich mag es. Im Dritten, wo ich seit bald zwei Jahrzehnten lebe, ist das Malipop mein Ort, um zu trinken. Ich trinke Seidln, weil ich finde, dass sich Krügeln an einem Ort mit so zierlichen Dimensionen verbieten.

Es gibt zwei Verläufe meiner Abende im Malipop. Ich trinke vier Seidln, höchstens fünf, und gehe dann nach Hause. Dann war es früh genug. Dann schleicht sich der Rauch auf meinem Heimweg nach Erdberg zum größten Teil aus meiner Kleidung. Dann entnebelt sich mein Hirn vom Bier. Dann bin ich entronnen.

Oder aber ich trinke das magische sechste Seidl, womit ich in den Sekundärzustand des Malipopgastes eintrete. Da bleib ich dann lang, ich trinke nicht weiter, aber ich sitze. Wenn jemand da ist, führe ich ein Gespräch. Wenn nicht, höre ich Frau Margits Platten. Frau Margit spielt, immer schon, ausschließlich Platten. Was heißt: Sie hört Alben. Sie legt erst die A-Seite, dann die B-Seite auf. Wie die Künstler es gemeint haben. Und wenn die Platte aus ist, hat Frau Margit noch keine neue vorbereitet. Sie steht, manchmal minutenlang, vor dem Regal und sucht die neue Musik aus, die sie dann auflegt. Hier könnten viele verlorene Seelen lernen, wie man seinen MP3-Player wegschmeißt, um wieder Musik zu hören. Mir persönlich ist es wurscht, dass das österreichische Radio meine Musik nicht spielt, weil ich weiß, dass Frau Margit im Malipop hie und da meine Platten spielt, auch wenn ich nicht da bin.

Diese Wirtin ist ein so respektvoller wie respektgebietender Mensch. Sie mag ein paar Sachen nicht. Wenn Leute die Füße auf die Lederbänke ziehen. Wenn Leute zu ihr an die Bar kommen und dämliche Musikwünsche äußern. Wenn Leute reden, während einem der kleinen, kostbaren Konzerte, die sie hier zulässt. Manchmal reicht schon ein penetrantes Lachen, dass sie kalt über den oberen Rand ihrer Brille schaut. Aber irgendwie glaube ich, dass der sensible Gast fühlen wird, dass dieses Lokal eine Art Seelenverlängerung seiner exquisiten Besitzerin ist, und sich dementsprechend benehmen.

Ich aber bleibe im Bann des sechsten Seidls so lange sitzen, bis der Hunger mich erlöst. Frau Margit bringt mir ihren sehr reduzierten aber tadellosen Spezialtoast. Nachdem ich ihn verzehrt habe, trinke ich zum Schluss noch einen Fernet. Dann gehe ich, durch den steifen Landstraßer Wind. Der letzte Nuller schleudert einen blauen Blitz nach mir.

»Betritt man das Café zum ersten Mal, riecht man sofort, was hier los ist. Es darf noch geraucht werden.«

Café Mocca

Heidi List

Adresse: **Gersthofer Straße 2a, 1180 Wien**
Öffnungszeiten: **Mo–Sa 19–2 h, So geschl.**
Speisen: **einiges Einfaches**
Rauchen: **ja, sehr**
Charmefaktor: **oldschool**
WC-Situation: **gut**
Song zum Lokal: **Alles von Leonard Cohen**
Wer das mag, mag auch: **Café Rüdigerhof**

»Kotbauch – eiförmiger Gasbauch – Kotbauch – noch ein Kotbauch – schlaffer Kotbauch – entzündeter Kotbauch – kein Bauch, gut so, weil noch ein Kind, Kotbauch. Schau dir die Leute an. Alle, wie sie da sitzen, sind falsch ernährt.«

Am Nebentisch wird über die FX Mayrkur gesprochen und wie sie gegen diverse Scheißbäuche zu helfen scheint. Zwei Frauen mittleren, also meines Alters, sitzen bei Cappuccino und Buttersemmerl. Anscheinend noch vor der Kur. Oder danach. Ob *ich* wohl der entzündete Bauch bin oder sogar der eiförmige Gasbauch? Ich werde es nicht erfahren und kann damit leben.

Es ist späterer Nachmittag im August. Die Sonne scheint, aber es ist nicht sehr warm für diese Jahreszeit. Ich sitze wie immer im Café Mocca, es liegt gleich ums Eck von meiner Wohnung, direkt im Otto-Wagner-Bau der Schnellbahnhaltestelle Gersthof. Betritt man das Café zum ersten Mal, riecht man sofort, was hier los ist. Es darf noch geraucht werden. »Aja!«, denkt man sich und kommt sofort in dieses Urgefühl, diesen Sog, hier so lange zu sitzen, bis einen eine Thrombose in den Beinen oder das schlechte Gewissen weitertreibt. Und das kann dauern. Man ist an einem dieser raren Orte, die gemütlich genug sind, dass man dort aus Versehen für den Rest des Tages versacken kann. Vielleicht so wie der Rüdigerhof im 5. Bezirk. Oder das Bendl an der Zweierlinie, nur nicht so versifft. Oder das Alt in Hietzing, gibt es das überhaupt noch? Wie auch immer.

Das Interieur im Café Mocca ist einem vertraut, alles ein bisschen dunkel, einen Tick schmuddelig, eine große Bar aus Holz, an der auf zwei, drei Hockern ein paar schnelle Seidln gezwitschert werden. Die Tische sind gut verteilt, immer zwei, drei in drei Räumen, je nach Intimitätsbedürfnis nimmt man Platz im Lederfauteuil oder auf der Bank. Die ist in Samt gekleidet. Es gibt W-Lan, hier wird also auch gearbeitet – viele Texte habe ich hier geschrieben. Bis zwei Uhr nachts kann man hier einkehren. Zu jeder Tageszeit bin ich hier schon eingekehrt. In der Früh sind alle noch wichtig, dann müssen die meisten noch zu ihren Büros oder in die Schulen oder auf die Universitäten. Manche bleiben dann doch sitzen. Zu Mittag essen die Leute etwas, ab Nachmittag wird's ruhig, da wird nur noch herumgesessen und gelesen. Am Abend ist es dann das heimelige Wohnzimmer.

»Mir ist das ja wurscht, wir müssen ja keine Familie gründen, Gott sei Dank.« Die Damen neben mir sind bereits bei ihren Verhältnissen angelangt. Ein verheirateter Mann scheint dabei zu sein. »Seine Frau ist entzückend, ich sag' dir, ent-zü-ckend!« Das ist der Unterschied zu anderen Kaffeehäusern, wir sind im 18. Bezirk, da, wo sogar der Ehebruch herrlich und prachtvoll ist. Man pudert frauensolidarisch verheiratete Männer. Der Kick kommt nur aus dem Geheimnis und nicht aus der Mischung zwischen dem versteckt und bösewichtig sein. »Er muss nur wollen«, sagt die Kotbauchexpertin und schnippt mit dem Finger. »Ich stelle keine Bedingungen.« »Du Gute«, sagt die andere. Du Gute, im Ernst. Ich beschließe, mit meinem Kaffee in den Garten zu übersiedeln.

Der ist ja die eigentliche Sensation. Es sitzt sich sehr vertraut neben dem lauten Autogebrumm und dem S-Bahn-Gequietsche des Gersthofer Platzes. Tische und Bänke auf Kies, mit viel Abstand dazwischen. Alles ist durch eine Holzwand abgeschieden. Um vom Kaffeehaus zum Garten zu kommen, muss man die Halle des Otto Wagnerbaus durchschreiten. Das ist auch der Grund, warum es so verschiedene Leute ins Kaffeehaus schwemmt. Hier muss jeder irgendwie durch. Der Businessmann und die verrückte Oma, die mit ohne BH, jugendliche Schulschwänzer, Lernende, Arbeitende, Freundesrunden. Ich habe einmal den Test gemacht, wann von alleine eine Bedienung kommt – hätte ich nicht die letscherten Mannerschnitten vom letzten Schwimmbadbesuch und ein abgestandenes Wasser mitgehabt, ich wäre dort verendet. Man sollte sich schon eher ankündigen im Café. Heute sind nur zwei Tische besetzt.

Zwei Freundinnen Anfang 20 sitzen sich gegenüber und bequasseln sich in dieser typisch befriedigenden Art und Weise, dass keine der anderen gescheit zuhört, aber am Ende des Gesprächs wohl beide das sichere Gefühl haben, sich einmal so richtig ausgesprochen zu haben. Die eine ist sehr hübsch, mit Kurzhaarschnitt, die andere punktet mit prächtigem feuerrotem Haar, ein bisschen krusty-der-clown-mäßig. Ich versuche von den beiden abzurücken, sie sind recht laut. An der Seite sitzt ein stoppelbärtiger Mittfünfziger bei seinem Kaffee. Er starrt in sein Handy und wenn man genau hinsieht, facebookt er. Kariertes Hemd und helle Jeans, die sich fast bis zur Hüfte zieht, ich glaube der Style ist bei IT-lern eine Uniform. Er blickt manchmal her, dann wieder zu Krusty. Die verdreht die Augen. Ich gehe dann aufs Klo, er auch. Als ich fertig bin, sehe ich, dass er sich nicht die Hände wäscht und gleich wieder hinausgeht. Den Rest des Nachmittags begleitet mich immer so ein bisschen der Ekel, wenn ich ihn ansehe. Ich überlege kurz, ob ich Schicksal spielen soll und ihn der Frau Kotbauch vorstelle.

Der IT-ler telefoniert mit jemandem und beginnt lautstark über Sinn und Unsinn des Burkaverbots zu diskutieren. Das ist momentan in allen Medien. Er ist dagegen, weil da sieht man ja dann nichts von der Frau, höhö. Ich glaube, nicht einmal die Kotbauchfrau hat ihn verdient. Neben ihn setzt sich eine ältere Frau mit weit ausgeschnittenem Wollpullover ohne BH. Ihre Brüste legen sich bequem auf den Tisch. Sie blickt offen und interessiert herum, ihre Augen bleiben wohlwollend am IT-ler hängen. Der wird nervös. Das ist ihm zu realistisch. Er zahlt schnell und geht.

Ein paar arabisch sprechende Männer setzen sich an meinen Nebentisch. Sie bestellen Bier. Ich überlege kurz, ob die das dürfen wegen Islam und so, aber dann interessiert's mich eigentlich nicht mehr. Sie sprechen miteinander in diesem bellenden Stakkato. Hattatahattata. Ich überlege, den Tisch zu wechseln, einfach aus Lärmgründen, aber dann glauben die vielleicht, ich wäre fremdenfeindlich. Die zwei Freundinnen Kurzhaar und Krusty beginnen sich zu küssen, so richtig volle Pulle, mit Zunge. Die arabischen Männer halten kurz in ihrem Stakkato inne. Aber sie zeigen sich integrationswillig und tapfer, sprechen leiser und senken ihren Blick.

Es wird Abend, ein paar Arbeiter kommen und bestellen Bierchen. Die Tische füllen sich, Studenten, keine Bobos, auch nicht die Klientel der Währinger Cottage. Einfach Leute.

Meine Freundin kommt, viel zu spät, dafür ohne sich zu entschuldigen, sie beginnt mir Ungeheuerlichkeiten aus einem Wiener Kulturbetrieb auseinanderzusetzen, die ich bereits nach zwei Minuten nicht mehr wiedergeben könnte. Ich merke, ich werde immer gossip-untauglicher. Aber ich lache viel an dem Abend. Dazwischen übersiedeln wir wieder ins Wohnzimmer.

Ich bin irgendwann bereits beim fünften Spritzer. Ich darf nicht vergessen, mit zwei Thomapyrin-Tabletten ins Bett zu gehen. Das hat mir kürzlich ein Arzt empfohlen, wenn man in Heckenklescherlokalen trinkt. Um 2 Uhr in der Früh werden wir höflich hinausgekehrt, zusammen mit den zwei Damen mit der FX Mayrkur.

»Selber Kotbauch«, lalle ich ihr beim Vorbeigehen zu. Sie schaut mich an und bekommt Schluckauf.

»Ein Café wie das Prückel wäre in Berlin kaum noch denkbar. «

Café Prückel

Jörg Sundermeier

Adresse: **Stubenring 24, 1010 Wien**
Öffnungszeiten: **täglich 8.30–22 h**
Speisen: **von lecker bis elegant**
Rauchen: **ja und nein**
Charmefaktor: **altehrwürdige Eleganz**
WC-Situation: **siehe Charmefaktor**
Song zum Lokal: **P. Alexander, Wien, Wien nur du allein**
Wer das mag, mag auch: **Café Griensteidl**

Ich weiß ja nichts. Das stimmt nicht ganz, denn ich weiß schon, dass ich aufs Schiff muss, später, zu der Geburtstagsparty. Aber sonst weiß ich nicht viel. Ich weiß etwa gar nicht mehr, wie's aussieht im Café Prückel, und weil ich hier abgehetzt reingekommen bin, hab ich erst jetzt Zeit, mich umzusehen.

Nein, habe ich nicht, denn der Kellner kommt und sieht mich an. Er sieht natürlich gleich, dass ich nicht viel weiß. Ein Augenbraue, die linke, hebt sich leicht.

Ich tue souverän. »Ein Bier hätte ich gern.«

Er lächelt. Fragt, welche Marke ich bevorzuge.

Peinlich. Schnell schaue ich in die Karte. Dann sehe ich, von unten, aus meinem Sessel heraus hoch. Ein Kind, das den Vater anstiert.

Der Kellner lächelt herablassend, die Augenbraue ist oben geblieben.

»Ein Gösser, bitte«.

Er sagt nicht Ja, er sagt nicht Nein. Er schaut nur, ein paar Augenblicke lang. Dann fragt er: »Nullkommadreidrei oder Nullkommafünf?«

Er imitiert jetzt meine Sprechweise.

»Groß, bitte«, sage ich und lächele dankbar, als er geht.

Ich bin deutsch. Er hat's sofort gerochen. Alle in Wien riechen, dass ich Deutscher bin. Schon bevor ich den Mund aufgemacht habe.

Deutsche sind zu erkennen, etwa, weil sie staunen, dass in Wien allerorten geraucht wird, ganz selbstverständlich. Auch im Prückel wird geraucht, wenn auch nicht in allen Teilen. Jetzt, als ich mich umsehe, erkenne ich, dass sich hier nichts verändert hat sein meinem ersten Besuch, also seit Jahren nicht.

Deutsche suchen in jedem besseren Caféhaus nach Bildern von Robert Musil, Peter Altenberg, Karl Kraus oder anderen historischen Bildern, die die Kaffeehausliteratinnen und -literaten zeigen, wie sie in diesem Café sitzen, das eigens um sie herum gebaut worden ist. Wir suchen sie und begreifen nicht, dass hier oder im Lokal um die Ecke eben noch Elfriede Czurda oder Elfriede Jelinek und all die anderen gesessen haben oder gerade sitzen, dass die Toten also gar nicht beschworen werden müssen mit Bildern an der Wand, da die Lebenden ja hier sind, gleich vor unserer Nase. Und auf die Toten verweisen: in ihren Schriften. Mit ihren Körpern. In ihrer Kaffeehauserei.

Mein Bier kommt, der Kellner geht, das Bier schmeckt gut, der zweite Schluck folgt gleich auf den ersten.

Nicht nur verstehen Deutsche viele Wörter der Wiener nicht, nein, wir wissen auch gar nicht, was das ist, ein Schanigarten. Das Prückel hat selbstverständlich einen. Deutsche haben keinen Schanigarten, Deutsche haben nur »draußen«. Oder »Biergarten«, doch Biergarten, das heißt gleich Masse, Männer, Mordfantasien. Ein Schanigarten ist etwas anderes, lerne ich in Wien. Obschon er auch draußen ist. Man benimmt sich dort draußen, wie man sich drinnen benimmt – gesittet.

Das Bier ist leer. Bald muss ich zum Schiff. Aber noch nicht jetzt. Denn das Klischee stimmt, Wien entschleunigt. Das Schiff kann warten, die Party fängt ohne mich an, komm ich halt später dazu.

Ich bestelle noch ein Bier. Das heißt, ich warte lange, bis jemand meinen Blick erblickt. Und warte dann noch mal recht lange darauf, dass der kommt, der meinen Blick erblickt hat. Ich blicke wohl auch deutsch. Der Kellner muss das erst mal übersetzen. Doch der Kellner hat sich an mich gewöhnt, scheint's. Ich darf jetzt ganz einfach bestellen. Ich werde ganz einfach bedient.

Ich bin Berliner. In Berlin suchen wir in Cafés immer nach dem

Alten. Wir suchen Else Lasker-Schüler, Erich Mühsam und Erich Kästner, doch das Romanische Café und das Café des Westens, das »Café Größenwahn« genannt wurde, gibt es nicht mehr. Es gibt in Berlin ein Café, das sich Romanisches Café nennt, neuerdings, es hat den Charme einer Krankenhauskantine, ist aber teuer. Teures hält man in Berlin gern für nobel.

Ein Café wie das Prückel wäre in Berlin kaum noch denkbar. Es wäre zudem zwanzigmal renoviert worden in den letzten 60 Jahren, die Stühle und Sessel, die hier, im Prückel, aus den Fünfzigern sind, liebevoll neu aufgepolstert, wären in Berlin neu, aber auf alt getrimmt. Cafés werden in Berlin zwanghaft renoviert, aus Angst vor der Geschichte, denn die deutsche Geschichte ist ja bekanntlich immer problematisch. Die österreichische Geschichte ist auch problematisch, auf dieselbe Weise, doch wird in Wien das Alte nicht gleich immer wieder verändert.

In den neuen und neuesten Cafés an vielleicht alter Adresse hängen in Berlin dann aber Bilder von Else, Erich und Erich an den Wänden, denn man hat nichts mit Geschichte am Hut, aber man hat Tradition. Seit sie tot sind, werden die Berliner Kaffeehausliteratinnen und -literaten verehrt wie nie zuvor. Solange sie noch lebten, in den fünfziger, sechziger, siebzigerJahren, wurden sie eher gemieden. Seit sie tot sind, gehören sie der Öffentlichkeit, die sie sich so imaginiert, wie es ihr gefällt.

Die Literaten von heute gehen in Berlin saufen in schrecklichen Saufställen, oder sie verbergen sich in den Literaturhäusern, je nach Alter. Kaffeegehaust wird nicht mehr in Berlin. Die, die in den fünfziger und sechziger Jahren, die bis 1968 noch im Café hockten, wurden ebenfalls ausgetrieben. Erst langsam erinnert man sich ihrer wieder, man wartet auf ihren Tod. Dann kommen ihre Fotos in blitzblanken Gaststätten, in denen alle Patina aufgesprüht wurde, an die Wand.

Das Bier ist schon wieder fast alle. Ich sehe den Kellner nicht.

Hitlerbilder hängen nicht in Berliner Cafés, also jedenfalls nicht in denen, die für die Öffentlichkeit bestimmt sind. Hitlerbilder hängen auch nicht in Wiener Cafés. Waren die Nazis Kaffeehausgänger? Erlaubte ihnen ihre sportliche Revoluzzerhaltung überhaupt eine Debatte am Cafétisch? Vielleicht nicht. Aber die Freunde der Nazis und die, die die Augen verschlossen haben, die debattierten weiter in den Cafés, als passiere nichts in den Straßen.

Da ist der Kellner. Er erwidert meinen Blick. Ich signalisiere, dass ich zahlen will. Er wendet sich ab.

Das Café Prückel ist ein altes, traditionsreiches Café, das die fünfziger Jahre festhält, das sogar unter Denkmalschutz steht. Es konserviert eine Welt, die es nicht mehr gibt. People of Colour, Lesben, Schwule, Transen, man sieht sie hier nicht, sie sind offenkundig nicht eingeplant, hier sind selbst die Studierenden allesamt deutsch. Also österreichisch.

Der Kellner kommt, bringt mir recht ruppig die Rechnung, geht sofort wieder.

Ich lege Geld auf den Tisch. Kann man im Prückel einfach so gehen? Ginge man in Berlin, nachdem man Geld auf den Tisch gelegt hätte, wäre die Gefahr hoch, dass einem der Kellner nachläuft. Doch das Prückel vermittelt das Gefühl, das man hier »sicher« ist. Es vermittelt dies gleichermaßen dem Kellner und mir.

Ich breche also auf, Richtung Schiff. Niemand folgt mir.

Ich will so was wie das Prückel nicht haben in Berlin, so etwas mit echter Patina. Ein Café, das von »guter alter Zeit« spricht, von Tradition, und ohne Geschichte ist. Das muffig ist, das sein Publikum von der Gegenwart abschirmt.

Zugleich will ich das Café Prückel haben in Berlin oder irgendein vergleichbares Café, mit richtigem Kaffee und vielen Zeitungen und Debattiermöglichkeit und Bier ohne Saufzwang. Als ein Café in der Gegenwart allerdings. Wenn es das geben kann.

Café
Prückel

»Bitte an der Bar bestellen, und vielleicht auch gleich leere Gläser und Flaschen mitnehmen.«

Café Stadtbahn

Petra Hartlieb

Adresse: **Gersthofer Straße 47, 1180 Wien**
Öffnungszeiten: **Di–So 18–2 h**
Speisen: **Chips**
Rauchen: **wird hier groß geschrieben**
Charmefaktor: **groß, aber leider ohne Waltraud**
WC-Situation: **ja**
Song zum Lokal: **Element of Crime, Gesamtwerk**
Wer das mag, mag auch: **Café Anno**

Das letzte Mal als ich hier war, war Sommer. Eine Freundin feierte ihre Sponsion, nein, keine Freundin meines Sohnes – eine in meinem Alter, vielleicht sogar ein paar Monate älter. Und sie wohnt ganz oben in Gersthof. Da, wo es schon ganz schick ist – mit Semmelweisklinikareal und Botschaften und Villen und Hofratswitwen.

Damals im Sommer schlug uns die Hitze entgegen draußen – ein lauer Sommerabend –, im Café Stadtbahn gefühlte 40 Grad, eine Mischung aus Schweiß, Küche und dem Zigarettenrauch der letzten Jahrzehnte. Die richtig Harten saßen trotzdem im dunklen Hinterzimmer vor dem Röhrenfernseher und schauten Fußball, die anderen stellten kurzerhand die Sessel auf den schmalen Gehsteig der Gersthofer Straße und fühlten sich so cool wie in Hamburg oder Berlin. Und es war, als hätte das Lokal eine schützende Aura – keine Exekutive vertrieb uns, kein grantiger Nachbar beschimpfte uns.

Heute liegt Schnee, der bereits zum Matsch mutierte, vorbei am Bipa und am gähnend leeren Riesenlokal Centimeter (»rustikaler Charme, gepflegte Biere, meterlange Brote«). Und natürlich ist der Gehsteig nicht geräumt, aber das macht nichts, denn beim Überqueren der Gersthofer Straße bin ich in eine riesige Schnee-Matsch-Wasser-Lacke gestiegen und deswegen sind die Füße eh schon total nass. An der Ecke zur Thimiggasse ein großes unbeleuchtetes Ottakringer-Schild, durch die Fensterscheiben dringt ein schwacher Lichtschein. Hat es doch zu heute?

Die Tische sind locker gefüllt, die Luft noch nicht ganz so schlecht. Das große Jimi-Hendrix-Poster und ein schwarzes Kleid an der Wand fallen sofort ins Auge. In der hintersten Ecke sehe ich ein bekanntes Gesicht – bärtig, verkniffene Augen unter einer speckigen Baskenmütze –, er war schon ein paar Mal in der Buchhandlung, da machen die anderen Kunden immer einen sehr großen Bogen. Hier passt er her, hier gehört er hin. Kaum hab ich Platz genommen, steht er auch schon auf, schlurft zu meinem Tisch und hält mir einen bunten Flyer vor die Nase. »Best Music in the world. Da brauchst nicht nach London oder New York.«

Ein paar Studenten, oder das, was man sich darunter vorstellt, eine mit Dreads und weiten Pluderhosen, am selben Tisch einer mit kariertem Steirerhemd und Hut neben sich.

Ich setze mich an einen kleinen freien Tisch und warte auf die Kellnerin, bis mein Blick auf ein handgeschriebenes Schild an der Wand fällt.

Bitte an der Bar bestellen

(und vielleicht auch gleich leere Gläser und Flaschen mitnehmen).

Wegen der kalten Füße bestelle ich an der Bar einen Tee, die längere Suche nach einem Teebeutel ist ergebnislos, also gut: einen Spritzer.

Eigentlich schade, dass ich nicht groß geworden bin in dieser Stadt, in diesem Viertel. Das Café Stadtbahn wäre sicher mein zweites Zuhause gewesen, und zwei Herzen wohnen ach in meiner Brust, wenn ich mir ausmale, welcher Typ meine Tochter wohl werden wird: Der Café-Aumann-Typ, mit Caffe Latte im Nichtraucherbereich um 3 Euro 50 oder doch der Café-Stadtbahn-Typ mit Flaschenbier und selbst gedrehten Tschiks.

Ich kauf mir noch eine Packerl Chips, die sind originalverpackt und haben das Ablaufdatum nicht überschritten, mein kleiner Tisch ist noch frei. Erst kommt es mir ja ein wenig komisch vor, hier mein Notebook auszupacken, aber eigentlich ist hier jeder komisch und jeder passt hier irgendwie rein. Hinten vor dem Klo ein nicht mehr ganz junger Grauhaariger mit Zopf, der trotz lauter Musik aus riesigen Boxen mit seinen Ohrstöpseln vorm Bier sitzt. Hinten in der anderen Ecke der Semi-Sandler mit Baskenmütze, später wird mir erzählt, dass »Alf« ein begnadeter Gitarrist sei, beziehungsweise war, denn irgendwann ist er einfach durchgeknallt und seitdem ist er so, wie er ist. Hier stört er niemanden, manchmal wird er zum Duschen nach Hause geschickt.

Die vier Studenten, wahrscheinlich Boku, begeben sich zum Wuzler, am Nebentisch ein Glatzkopf mit weißem Hemd und Krawatte, der alle paar Minuten in sein Smartphone starrt.

Nun ist das Lokal gut gefüllt, die Pfützen vom geschmolzenen Schnee fallen am braunfleckigen Plastikboden nicht weiter auf, die Musik ein chilliger Mix aus Beatles, Johnny Cash und Lana Del Ray.

Die nette Kellnerin bringt dann trotz Selbstbedienungsschild noch diverse Getränke, der zweite Spritzer schmeckt passabel. Sie stammt aus Osnabrück, war früher hier Gast und jetzt macht sie zwei Abendschichten, aber die Spinnweben in der Ecke darf sie nicht wegputzen, sagt Eckhart, ihr Chef, der früher hier Gast war und nach dem Tod der legendären Waltraud das Lokal übernommen hat – Putzen würde das Flair zerstören.

Früher einmal war das Café Stadtbahn ein bürgerliches Wiener Kaffeehaus, doch als 1968 die Tochter Waltraud das Lokal übernahm, war es bald vorbei mit aller Bürgerlichkeit: Alkohol, Zigaretten, Revolutionäre und Musiker, Gestrandete und die Schnösel-Studenten aus dem 18., die ihrem Elternhaus für ein paar Stunden entfliehen wollten. Immer wieder wurde es geschlossen: Lebensmittelpolizei, Baubehörde, Suchtgiftdezernat.

Angeblich wohnte Waltraud dann im Hinterzimmer, als sie nach einem Beinbruch die Treppe zu ihrer Wohnung nicht mehr schaffte. Sie hat einfach immer weitergemacht, und als sie starb, übernahm kurzerhand Stammgast Eckhart das Lokal. Angeblich erneuerte er die Kloschüsseln und die Belüftung, und sonst – wie gesagt – das Flair bleibt. Vorhänge, Fenster, Boden, Tische, Hinterzimmer, alles ist so, wie es früher war und es ist gut so.

»Im Café Talisman gibt es keine klugscheißenden Gscheitredner und keine rumhampelnden Wichtigtuer.«

Café Talisman

Mieze Medusa

Adresse: **Liebhartsgasse 49, 1160 Wien**	Charmefaktor: **schön international**
Öffnungszeiten: **Mo–So 10–2 h**	WC-Situation: **Neo-80er-Jahre-Jugendzimmer-Stil**
Speisen: **nein**	Song zum Lokal: **Thunderroad auf Kroatisch**
Rauchen: **unbedingt**	Wer das mag, mag auch: **Frame**

Ich sitze in einem kleinen Raum und versteh die Welt, aber ihre Sprache nicht. Auf der Tür zum Klo klebt ein Plakat, das mir das multilinguale Bierbestellen leichter machen soll. Ist aber nicht nötig. Ich nix verstehn, aber die Welt decodiert mich sofort. Das ist Biertrinken in Ottakring. Schmelztiegel ist die Erwartungshaltung.

»Ein Bier, bitte.«

Der Mensch hinter der Bar lächelt freundlich, bringt das Bestellte und wechselt ohne mit der Wimper zu zucken zurück in die Sprache der Wahl seiner Gäste. Ich müsste mich sehr täuschen, wenn das nicht Kroatisch ist. Früher nannte man das mal Serbokroatisch. Insofern passt es ganz gut, dass das Café Talisman vor der Neuübernahme von Serbo-Wienern frequentiert wurde. Es war eines jener Lokale, in denen der Mann mit dem Strahlemannlächeln und der Parteifarbe in den Augen auf Stimmenfang in der 2. Generation gegangen ist. Heute stimmenfischt er anderswo. Jedenfalls hab ich ihn hier noch nie gesehen.

Und ich hätte ihn gesehen: Das Café Talisman ist klein und verraucht, aber nicht so verraucht. Die Musik ist ganz gut, aber nimmt sich nicht so wichtig wie in anderen Lokalen, in denen die Musik so betont gut zu sein versucht. Manchmal singt Bruce Springsteen auf Kroatisch, manchmal bekommt man Depeche Mode zu hören. Meistens versteht man die Songtexte so wenig wie die Gespräche an der Bar, aber die Musik passt. Das Café Talisman ist eine turbofolkfreie Zone. Im Café Talisman treffen sich erwachsene Menschen nach der

Arbeit und trinken ein Bier oder zwei, oder mehrere. Mehr passiert nicht.

Im Café Talisman lädt niemand ein Smartphonefoto der Bierschaumkrone, die übrigens immer absolut tadellos ist, auf facebook hoch und markiert die coolen Menschen, mit denen grade niemand Bier trinkt. So gesehen im Internet.

Hier hindert dich kein Türsteher dran, mit der besten Freundin gemeinsam die Nase pudern zu gehen. So gesehen in der Pratersauna.

Hier erzählt am Nebentisch kein Wiener Gymnasiast von seinem im Philosophieunterricht und Wikipediastudium erworbenen Wissen. So gehört in der Wunderbar (Wien, 1) oder im Sperlhof (Wien, 2).

Hier mustert dich niemand und redet dich auf dein letztes Interview im – *insert Zeitschrift of choice* – an. Oder auf das Ausbleiben desgleichen. So gesehen im – *insert Gürtellokal oder Gumpe-Schuppen of choice.*

Hier haut kein Möchtegern-Bobo mit ironisch gemeinten Springerstiefeln den Wasserhahn vom »Für coole Jungs«-Waschbecken. Aus Wut über den Lokalchef, der mit den coolen Jungs geschimpft hat, weil die coolen Jungs, mit denen aber bitte keiner mehr schimpft, seit sie vorgestern zum Studieren nach Wien gezogen sind, eigenmächtig den CD-Wechsler bedient haben. So gesehen im Shabu. Der Lokalchef dort weiß übrigens beeindruckend viele Schimpfwörter.

Im Café Talisman vercheckt dir keiner seine in die Jahre gekommene Zeitschrift der Stuttgarter Grünen mit den Worten: »Ich bin ein Messie, ich hab mal mit Schlingensief, du hast aber eine schöne Aura.« So gesehen im Café Anno (Wien, 8).

Im Café Talisman ist die Musik nie so laut, dass du beim Bierbestellen schreien musst.

Im Café Talisman gibt es keine klugscheißenden Gscheitredner und keine rumhampelnden Wichtigtuer, zumindest gibt es sie nicht mehr, seit die Neuübernahme auf gutes Bier und gute Musik statt auf Turbofolk setzt und sich der Mann mit dem Strahlemannlächeln und der Parteifarbe in den Augen nicht mehr blicken lässt. Oder es gibt sie und sie philosophieren an der Bar, aber ich versteh sie halt einfach nicht. Vielleicht ist das der Grund, warum ich grad so mit der Welt im Reinen bin. Ich bin *nicht zuständig*. In dem kleinen, dunklen, verrauchten Raum hängen an der Wand Schwarzweißfotos, die vielleicht, vielleicht auch nicht, künstlerisch gemeint sind. Am Klo, auf das man schon deshalb alleine geht, weil zwei Menschen unmöglich Platz haben, wurden die früher unerträglich gemusterten Fliesen mit Isolierband und roter Farbe bearbeitet. Wie ein 80er-Jahre-Jugendzimmer. Ein Blick durch den Barraum: Jede Menge Talismangäste können sich an das gleiche Jugendzimmer erinnern. Wir sprechen nicht dieselbe Sprache, aber wir wurden gleich codiert. Wir haben wegen Tschernobyl nicht im Sandkasten spielen dürfen, wir haben den Mauerfall mit ein paar Bier zu viel begrüßt. Wir haben den Zerfall von Jugoslawien miterlebt, die Menschen an der Bar wohl etwas hautnaher als ich. Wir sind alle in Wien gelandet, die Menschen an der Bar wahrscheinlich ein paar Jahre früher. Wir trinken immer noch ganz gern ein paar Bier zu viel. Wir trinken uns immer noch allerlei schön, nicht nur Ottakring. Und wirklich nicht nur im Café Talisman.

»Das Café Talisman«, so der Lokalchef in einem Interview, das ich nicht vom Café Talisman aus gegooglet hab, weil das Café Talisman kein W-Lan hat und keine Webseite, weil man im Café Talisman den Laptop besser verschämt im Rucksack lässt, weil im Café Talisman die Menschen auch offline Spaß haben, »ist ein internationales Lokal«. Deshalb kommt der Mann mit dem Strahlemannlächeln und der Parteifarbe in den Augen hier nicht mehr her. Nicht nur deshalb ist das Café Talisman aber einer der Gründe, warum ich mir Ottakring überhaupt nicht schöntrinken muss.

PS: Die anderen oben genannten Lokale frequentiere ich übrigens mit fast gleich großer Begeisterung. Ist doch das Schöne an einer Großstadt. Stammlokal ist nicht, Schöntrinken kann man hier multilokal.

»Das Lokal ist ein Planet, der die Geschwindigkeit der einschwenkenden Kometen verlangsamt und langsam, aber angenehm anzieht.«

Café U1

Roland Gratzer

Adresse: Taubstummengasse 17, 1040 Wien
Öffnungszeiten: Mo–So 10–2 h
Speisen: Haustoast und mehr
Rauchen: durchaus
Charmefaktor: unbezahlbar
WC-Situation: Vorsicht, Dart-Automat in der Nähe!
Song zum Lokal: Ant. Venditti, Bomba o non bomba
Wer das mag, mag auch: Leopoldistüberl

Rechts die U-Bahn, links das Café U1. Es ist eine schwierige Entscheidung, die Menschen tagtäglich an der Ecke Favoritenstraße/Taubstummengasse quält. Rechts die Realität, links das Bier. Dort der Alltag, drinnen Fußball. Und außerdem: Ist ja eh gleich neben der U-Bahn. Ein Schnelles geht immer. Oder ein Mittagessen (Schnitzeltag Mittwoch). Oder ein Fußballspiel, projiziert auf die Rückseite einer aus dem Schulunterricht (vor allem haptisch) bekannten Landkarte. Oder wirklich nur eines. Aja, Schule: Daneben ist das Theresianum und die diplomatische Akademie, ein Stück weiter der ORF und gegenüber ein beliebter Hausarzt, gegenüber eine Apotheke, ein Stück weiter Hotels mit internationalen Gästen. Und weil es immer noch Dächer gibt, die nicht ausgebaut sind, viele Menschen vom Bau.

Das Blöde an Phrasen: Sie klingen scheiße. Also so Sachen wie Schmelztiegel oder Meeting Point oder klassenlose Gesellschaft. Aber wenn's stimmt. Beste Musik halt auch. Nicht reden müssen. Es ist eine Wohltat. Es ist ein Fenster in eine Welt, in der nix muss. Aber ehrlich gesagt, so im Nachhinein: Stimmt ja eh, oder? Reden zum Beispiel. Es ist so verinnerlicht, dass wir uns unwohl fühlen, wenn es niemand tut. Es dann tun müssen. Schas. Im U1 musst du das nicht. Du *kannst* natürlich. Und wenn, dann ist es super.

Rekapituliere persönliche Hitliste: Kalifornische Senioren, ein leidenschaftlicher Mark-Janko-Fan, der Nino. Aber es ist trotzdem voll okay, nix zu reden. WLAN is auch super.

An dieser Stelle könnte etwas über Kulinarik stehen. Kommt schon noch. Es stehen zur Verfügung: Eine Biographie über Zlatan Ibrahimović, das wunderbare Buch mit den Zeichnungen, die einen Film darstellen, Zeitungen und Magazine sowieso, Fahrradfachliteratur und eine Andre-Agassi-Biografie auch. Kannst lesen, musst aber nicht. Menü-Empfehlung zwischendurch: Single-Haustoast (oder normal), Schärfegrad variabel, dazu ein kleines Bier (oder normal) (diverse Sorten) und ein Averna Sour. Qualitativ hochklassig, Top-Preis. Die besten Alternativen: Schnitzel am Schnitzeltag, Gulasch, Knödel mit Ei, Leberkassemmel mit Kren, mit Senf und mit Gurkerl (!!1), Vodka, Jägermeister (die mit den Flaschen errichtete und einem Mahnmal nahekommende Installation möchte ich nicht spoilern) und bei großem Glück: Alles, was vom Mittagsmenü übrig ist.

Aja, zu vorher noch: Alle Altersschichten vertreten. Echt jetzt.

Ein Text ohne Kritik? Ach herrje. Salz in der Suppe? Es wirkt sonst »unauthentisch«? Jo eh. Aber die Wahrheit nicht der Form opfern. Also generell schon, aber nicht, wenn es um eine Wahrheit geht. Weil warum soll denn eigentlich da draußen die Realität sein? Da stolziert sie herum, mit ihrem Erfolg, oder noch schlimmer: Dem Glauben an Erfolg, solange sie nur vor der Realität buckeln. Zauber! Nur weil die andere Realität (drinnen) Zauber hat, gilt sie als nicht so lässig vong Gesamtbetrachtung her? Bledsinn. Hinfort mit den Grenzen! Die dazu wie der Pfeil ins Bull's Eye passende Metapher im Lokal selbst: Die ganze Glasfront geht per Knopfdruck nach oben. Das ist selbst nach dem 20. Mal noch geil. 5 Tische. Alle unterschiedlich. Es könnte jetzt natürlich ein »vong Perspektive her« hier stehen, aber der wurde bereits einmal verbraten und ist in Werbetexten schon peinlich.

Ein kleiner Schwankschwenk ins Kritkergenre: Positive Reviews schreiben ist schwierig. Schaut schnell scheiße aus. Wird bei ausschließlicher Verwendung unnötig im Ganzen. Aber nur motzen ist sehr leicht. Was jetzt nicht heißen soll, dass alle positiven Reviews gut sind. Die sind halt oft auch scheiße. Generell: Kunstkritik ist unnötig.

Vollends. Historische Archivierung gerne, aber Interpretation und Zukunftsvoraussagen, geh bitte. Danke. Im U1 geht's. Beste Playlist nämlich. Macht der Wirt. Nimmt Input gerne an, aber bitte nicht zu aufdringlich. Aufdringlichkeit muss generell nicht sein. Also nirgends jetzt. Schau auf die Attitude – also *deine*! Manchmal ist ein Tag einfach Reggae. Oft eigentlich. Oft zum Glück aber auch Italo-Pop. Und Italo-Western. Ja! Das ist es! Ein Saloon! Nicht einer im Film. Ein echter, wie sie damals waren.

Das Lokal ist ein Planet, der die Geschwindigkeit der einschwenkenden Kometen verlangsamt und langsam, aber angenehm anzieht. Keine Ahnung, ob Planeten das können. Nicht immer durch kausale Spitzfindigkeiten eine Story zerstören. Das U1 ist der Hubschrauber, der dich aus dem Dschungel holt.

Es ist immer schwer mit Vietnamkriegsmetaphern.

»Es interessiert ihn nicht, Herr Herrmann hat andere Prioritäten in seinem Leben.«

Café Weidinger

Manfred Rebhand

Adresse: **Lerchenfelder Gürtel 1, 1160 Wien**
Öffnungszeiten: **Mo–Fr 7–1h, So 8–0.30h**
Speisen: **ja schon, gute Spiegeleier**
Rauchen: **ja**
Charmefaktor: **super**
WC-Situation: **problematisch**
Song zum Lokal: **Talking Heads, Heaven**
Wer das mag, mag auch: **Pulse, 1070**

Herr Hermann ließ einen durchaus spüren, dass er einen für einen leicht verschrobenen Außenseiter hielt, wenn man sich frühmorgens um sieben im Café Weidinger mit einem kleinem Braunen in die Gänge brachte. Schon die Brillen, die man trug, und dann die Zeitungen, die man las und die nicht Kronen Zeitung hießen, hatten ihm als wahren Kenner des Menschengeschlechtes wohl gezeigt, dass das nichts mehr werden würde mit einem.

Trotzdem adelte er mich, den Beine-Übereinander-Schlager, indem er schon am zweiten Tag meiner künftigen Stammgastschaft nicht mehr mit antrainierter Freundlichkeit, die ihm ebenso fehlte wie die natürliche, nachfragte, was man denn zu bestellen wünsche, sondern den braunen Bohnensaft, sobald er meiner ansichtig wurde, einfach an der Budel bei der Schankkraft in Auftrag gab. Das ersparte ihm einen Weg, und über den Tag gerechnet summierten sich diese Wege auf seinem Konto der nicht erbrachten Leistungen; Herr Herrmann war ein Genie des Vermeidens, des Ausweichens, des Verschwindens.

Man konnte dann hören, dass er näher kam, lange, bevor man ihn sah. Mit zittriger Hand und scheppperndem Geschirr auf metallenem Servier-Untersatz, der den überlappenden Kleinen Braunen sammelte, vorbei an ein paar alten Schachspielern kam er in Richtung Tisch, die Bewegungen des leicht federnden, immer ein wenig vorgebeugten und streng uneleganten dürren Körpers fingen das Desaster, das seine zitternde Hand anrichtete, nicht ab. Ihm aber war's egal, denn seine Haltung zum Kaffee war ohnehin klar und verächtlich: Pah!

Den zu entrichtenden, abgezählten Schilling-Betrag nahm er mit knorriger Hand und ohne das Geld zu prüfen entgegen, ich dachte zunächst: Vertraut er mir? Bald merkte ich aber: Es interessierte ihn nicht, Herr Herrmann hatte andere Prioritäten in seinem Leben.

Das Weidinger kannte noch lange keine Nichtraucherzone, ganz hinten, in dem Teil, der die Fenster zur Gablenzgasse hinaus hat, standen damals wie heute die Billardtische, und dort hinten sind auch die Klos, die ein Kapitel für sich sind. Man muss dort hinten rauchen, um den Geruch zu ertragen.

Im vorderen Teil, der die Fenster zum Gürtel hinaus hat, dort wo die Volkshochschulkünstler ihre Bilder ausstellen, ist vor einem großen Wandspiegel eine Loge, darauf stand jeden Tag ein grünes RESERVIERT-Schildchen mit weißer Schrift darauf, sodass sich niemand dorthin setzen konnte, *ungefragt* oder noch schlimmer: *unerwünscht*. Und hinter dem Schild stand den ganzen Tag über ein Achterl Rot auf dem Tisch, immer wieder ausgetrunken und nachgefüllt. Es war Herrn Hermanns Achterl, sein Roter, sein Tisch.

Er trank den Roten, weil er rot war und weil es Wein war. Herkunft, Jahrgang, Bouquet, Note oder gar so etwas Idiotisches wie »leicht nussig im Abgang« interessierte ihn nicht.

Der Rote war ihm Sprit, den er seinem Motor zuführte und der ihn verlässlich am Laufen hielt. Für einen Schuss Freundlichkeit oder gar für die »zehn Prozent extra, die man halt braucht, um etwas zu erreichen«, wie sie neuerdings zum Beispiel Fußballer und alle anderen fehlgeleiteten Leistungsfanatiker dieser seltsamen Welt einfordern, reichte dieser Sprit bei ihm freilich nie. Gut so. Man wollte sich Herrn Herrmann nämlich nicht fit und für die Anforderungen des Lebens gestählt mit einem Power-Riegel im Mund vorstellen. Nicht als einen, der das Letzte aus einem Körper herausholte, welcher ohnehin immer mehr in seiner viel zu weiten Panier zu verschwinden drohte. Der Rote schien in ihm so eine Art Speed-Control zu aktivieren, wie sie in amerikanischen Autos eingebaut war und einem dann zum Beispiel in Texas die Todesstrafe ersparen konnte, die einem drohte, wenn man zu schnell aus dem Drive-In hinausbog und dabei einen streunenden Hund überfuhr. Solche Dingen passierten in einer beschleunigten Welt weit draußen, von der Herr Herrmann nichts wusste.

Manche glauben ja, um sieben Uhr früh hält der Tag noch alles offen für einen und man könnte seinem Leben noch einen Kick, eine Wendung geben, einen Sinn gar oder ihm eine Erfahrung hinzufügen, die dann unvergesslich wäre und die man »mitnehmen« könnte. Aber mitnehmen wohin?

Herr Herrmann glaubte nicht an solchen Unfug. Für einen, der seine Mitte gefunden hatte, gab es keinen Grund, etwas zu erleben, solange das Achterl Rot dort stand, wo es immer steht. Er wiederholte einfach an jedem Tag den Tag zuvor, und bald wiederholte er jedes Jahr das Jahr davor, und dann die Jahre, die irgendwann davor waren und an die er sich längst nicht mehr erinnern konnte.

Den schwarzen Herr-Ober-Smoking wechselte er dabei selten bis nie, und man sah es ihm auch an. Sein Gesicht kannte während der Jahre nur einen Ausdruck, nämlich: »Furche«. Die Nase leuchtete, wie es Vorschrift war, in Rot, seine Gestalt war kleiderständergleich. Warum er sein Glas den ganzen Tag über hinter dem Schild an seinem Tisch versteckte, wo doch eh jeder sehen konnte, dass er immer wieder dorthin ging und einen Schluck daraus nahm, und selbst die Chefin es wusste?

Die Logik des routinierten Trinkers kennt keine Antwort auf solche Fragen.

Mit fortschreitendem Tag schließlich legte sich ein leichter Schimmer auf seine Augen, und dahinter tauchte hin und wieder der Schalk auf, manchmal ein unergründliches Strahlen. Was er dann sah? Egal was, ich hätte es gerne gesehen, nur einmal.

Gegen Schichtende hatte er dann natürlich oft jeden Überblick verloren, und er fand nicht einmal mehr sein Glas, aus dem sich dieser Zustand nährte. Es war dann wirklich Zeit für Herrn Hermann, dass er nach Hause kam.

Was ihn dort erwartete, das wusste natürlich niemand von uns Kaffeetrinkern. Mit großer Wahrscheinlichkeit stand dort irgendwo ein Tischchen herum mit einem Schild darauf und einem Achterl Rot dahinter.

»Im Frame trinkt man übrigens nicht 1 Seidl oder 1 Radler, im Frame trinkt man 8 große Bier als Frau und 12 große Bier als Mann.«

Frame

Vanessa Wieser

Adresse: **Jägerstraße 28, 1200 Wien**
Öffnungszeiten: **Mo–Sa 15–1 h, So & F 18–1 h**
Speisen: **Promillebremsen-Snacks, Sportgummi**
Rauchen: **ja**
Charmefaktor: **super**
WC-Situation: **voll ok**
Song zum Lokal: **alles von Tom Waits**
Wer das mag, mag auch: **Club International, 1170**

Ein Ritter kehrt in der Abenddämmerung völlig aufgelöst in die Burg zurück. Der Speer verbogen, der Helm vollkommen verbeult, die Haare zerrauft, Blutspuren im Gesicht, das Streitross hinkt, und der Ritter kann sich gerade noch mit letzter Kraft an der Mähne des Pferdes festhalten. Ein Bild des Elends!

»Was ist Ihnen zugestoßen, Herr Ritter?«, fragt besorgt der Burgherr.

»O Herr«, antwortet der Ritter, »ich war in Ihren Diensten unterwegs und habe bei Ihren Feinden im Westen geplündert, geraubt, und gebrandschatzt.«

»Du hast *was*?«, schrie der Burgherr. »Ich habe überhaupt keine Feinde im Westen!«

»Oh«, sagte der Ritter.

Diese wunderbare Anekdote führt uns sicher nicht direkt heran an die eigentliche Geschichte. Das Trinklokal Frame im 20. Hieb. Dieses besuche ich seit Jahren mit denselben Leuten. Chrissi und Edith. So.

Das Frame ist null bobo, das Frame ist nicht modern und auch nicht retro, das Frame ist lokalgewordener Seinszustand derer, die noch anderes im Sinn tragen als die Jagd nach dem grünen Diamanten. Nach dem Verlorenen schon eher. So.

Ins Frame kommt man hinein, erblickt rechts (Osten) die flotte Bar mit den Jägern davor und links und vorn (Westen und Norden, Kompass nicht vergessen!) die Tische und Sessel; ich würde mal schätzen, hier passen etwa fuffzich Leute rein, aber dann ist es wirklich eng.

Jedoch eine Riesenfreud' für die charmante Wirtin. Noch weiter nördlich befinden sich die Wasserklosetts, verziert mit Pickerln, wo draufsteht: Heftige Bücher für heftige Menschen vom hochsympathischen Milena Verlag, Frechheit, wer hat die da wohl hingepickt! Eine Riesenfreud' für die charmante Wirtin …

Aber aufs Klo müssen wir jetzt noch nicht, also wieder nach vor in den ersten Raum. Es ist übrigens so im Frame, dass man überall, also im gesamten Lokal, rauchen darf. Weil: kein Bock auf Glastür oder eine andere Variante der Segregation zwischen stinkert und nit stinkert, einfach Lokal kleiner gemacht und fest weitergepofelt. Wir, die Gäste, finden's gut. Klar stinkt das Gewand danach, aber es ist auch selten geworden. Dinge verändern sich im Laufe der Jahre, das weiß ich mittlerweile. Aber: Das Frame eigentlich nicht so, und deshalb werd ich's wohl auch so mögen, bin ja ein Gewohnheitstier, das Strukturen liebt. So wie auch folgende Struktur, der wir jetzt beiwohnen dürfen (gerne auch zum Nachspielen):

Sympathische Kellnerin: Hallo.

Ich: Hallooo, bitte ein Krügerl und – welche Tschik habtsn ihr?

Sympathische Kellnerin: Smart.

Ich: Aah, supa, dann bitte ein Packerl Smart.

Jaha, im Frame gibt's natürlich Smart à la carte! Die werma jetzt rauchen. Keine 2 Minuten und die sympathische Kellnerin ist schon wieder bei mir und serviert das Bestellte mit Verve und Witz. Der erste Schluck besteht bei mir gern aus 3 Teilschlucken, dazu wird sofort die 1. Zigarette angezündet. Mjam, lecka! Wie es meine Veranlagung will, wird mir ebenfalls sofort total schwindlig vom Tabak (wurst, welche Marke, immer mords schwindlig). Richtiger Schwindel! Starkes Herzklopfen und eigentlich das Gefühl, gleich zu sterben. Was soll ich sagen: Immer dieses Leiden bei der ersten Tschik. Wer kennt das auch (Hypochonder)?

Gut, gut, weiter. Bevor Edith kommt, kann ich das Lokal beäugen. Hinter mir an der Wand: Bilder, Fotos, wechselnde Ausstellung … was soll man sagen, es ist ein Kreuz mit diesen wechselnden Ausstellungen (siehe Hummel, Weidinger, aber besonders Hummel). Aber mei, die Künstler freuen sich halt darüber.

Ich zünde mir unmittelbar nach der ersten gleich die zweite Zigarette an, da kenn ich nix, wer vom Pferd runterfällt – gleich wieder rauf. Nicht, dass man hier eigenen Tabak bräuchte, man muss die Nase nur in den Wind stecken, dann trifft es einen rund um die Uhr mit voller Wucht. Gegen 23 h nebelt's hier drin, dass man nur noch Schwaden sieht und sich durch diese mit der großen Schere, die vor den Klos steht, aufm Rückweg zum Platz einen Weg freischneiden muss.

Vier Leute sind grad an der Bar geparkt, Aufsichtsratsvorsitzende sind die nicht, auch keine Werbemenschen. Sie haben aber einen Riesendurscht. Im Frame trinkt man übrigens nicht 1 Seidl oder 1 Radler, im Frame trinkt man 8 große Bier als Frau und 12 große Bier als Mann. Aber wer hält das aus? Gegenseitiges Begutachten, verstohlen. Gibt hier drin eh nix zum Gaffen, aber irgendwo muss man ja hinschauen (ja nicht auf die Bilder!). Toast bestell ich heut keinen, Suppe auch nicht, auch keine Sesam-Fischli (Oma, hallo!) oder Tutti frutti. Tutti frutti! Geil.

Wo bleibt die Edith? Also weiter jede Einzelheit im Lokal begutachten: Nämlich sind die Plastiksitzbezüge knallrot, sieht aus wie in den 60ern, flott! Ein bissl zerschlissen auch, so ist das eben, wenn man in die Jahre kommt. Es is so ein dolles Lokal! Die sympathische Kellnerin erzählt mir, das Frame gäbe es jetzt seit 10 Jahren und es habe davor Café Gramm geheißen. Interessant! Ach, und auf dem Regal, oder wo war das gleich, steht eine große Winkekatze und winkt.

Weil die Edith einfach nicht daherkommt, obwohl sie eh nur 5 min entfernt wohnt, zähl ich jetzt auch noch die Flaschen auf den Regalen. Es sind 3 Bretter und es sind genau 27 Flaschen auf dem obersten Brett. Flankiert von 2 Boxen.

Apropos Boxen: Die Musik im Frame gefällt mir auch sehr gut, nichts Postmodernes, schön zum Mitwippen, Mitsummen und später auch Mitsingen. Was war das damals für ein schöner Abend, als ich so gut drauf war und mit der Edith da war und dann legt die Wirtin eine ganze Tom-Waits-CD ein … Tom Waits liebe ich sowieso und weil wir schon dabei sind, Quentin Tarantino auch. Da freue ich mich richtig, dass ich zur selben Zeit lebe wie die beiden. Sie versüßen mir das Dasein. Gerne würde ich ihnen was davon zurückgeben, geht aber nicht.

Ah, jetzt kommt die Edith herein. Winke, grins, Griasdi!

Bevor wir uns nun also in hochtrabende Gespräche vertiefen und auch das Schmähführen dabei nicht zu kurz kommen lassen (Was ist sie witzig, die Edith! Ich auch), führe ich noch an: Wenn man's körperlich aushielte, könnte man im Frame seinen Lebensabend verbringen. Recht alt würde man dabei nicht werden, aber gesellig wär's. Natürlich nicht allein, alle sollten auf Besuch kommen.

Apropos Lebensabend: Im Sommer kann man draußen vorm Lokal sitzen, das ist natürlich immer super. Und wenn man dann genug hat von der Trinkerei, Raucherei, Sesam-Fischli-Knabberei und schön einen sitzen hat, dann braucht man nur 10 Meter weitergehen und schon ist man am Taxistand.

Da setzt man sich dann in einen Wagen, verlangt Musik, lehnt sich zurück und lässt sich durch die Nacht kutschieren. Ach, wäre das Leben doch eine unendliche Taxifahrt durch die nächtliche Stadt (Zitat Amaryllis Sommerer). Und Ritter Peter soll neben mir sitzen. Aber das führt jetzt zu weit.

Danke, Frame, für die schönen Stunden, ich werde noch oft zu dir kommen.

»Brautechnische Sortenvielfalt bekommt man hier höchstens, wenn einem das Gösser Bier im Ottakringer Glas serviert wird.«

Gasthaus Müller

Max Horejs

Adresse: **Yppenplatz 2, 1160 Wien**
Öffnungszeiten: **Mo–Sa 6–2 h, So u. F 10–22 h**
Speisen: **Hausmannskost**
Rauchen: **ja**
Charmefaktor: **normal**
WC-Situation: **vorhanden**
Song zum Lokal: **Ich war noch niemals in New York**
Wer das mag, mag auch: **Weinhaus Sittl, 1160**

Findet man auf der Getränkekarte erst einmal zwanzig selbst gebraute Craft-Biere, hat es sich mit dem Charme der Wiener Beislkultur schnell erledigt. Zwischen den Ingwer- und Kardamomnoten der verschiedenen unter- wie obergärigen Biersorten schmeckt man dann so etwas wie Innovation, Unternehmertum und Entdeckergeist. Das alles gibt's im Gasthaus Müller nicht.

Ich für meinen Teil brauche eigentlich überhaupt keine Getränkekarte, um ein Bier zu bestellen. Vielleicht sollte ich in dieser Hinsicht Neuem gegenüber eine Spur aufgeschlossener sein, aber dafür ist mir die geschmackliche Vielfalt von zwanzig verschiedenen Bieren zu wurscht und die Auswahl aus dergleichen zu mühselig.

Diesem Grundsatz hat sich auch das Gasthaus Müller verschrieben. Hier gibt's Gösser.

Aber die Bedienung kennt sich auch aus, wenn man einfach nur »Bier« bestellt. Brautechnische Sortenvielfalt bekommt man hier höchstens, wenn einem das Gösser Bier im Ottakringer Glas serviert wird. Aber meistens ist die Aufschrift der Gläser ohnehin schon runtergeschabt.

Auf einer Tür, die den Raucherbereich vom Nichtraucherbereich trennen soll, kleben ein grünes Nichtraucher-Symbol und zwei rote Raucher-Aufkleber. Ein eindeutiger Sieg nach Punkten für die Zigarette.

Es ist ein angenehmes Lokal. Hier müssen keine Kunststudenten unbedingt Projekte zusammen machen, keine Yoga-AnbeterInnen den

Sonnengruß auf den Tischbänken grüßen und auch keine innovativen Start-up-Unternehmen gegründet werden.

Statt Räuchertofu mit Safarancouscous gibt es Puten-Cordon-Bleu mit Pommes und statt veganem Heidelbeer-Lavendel-Eis gibt es Mohr im Hemd. Ganz normal eben. Und es gibt zum Frühstück die gleiche Speisekarte wie zum Abendessen. Kein Vitalfrühstück, kein Family-Brunch, kein After-Work-Cocktail. Die Welt im Müller ist herrlich einfach. Eine Oase. Unaufgeregt und zeitlos unelegant.

Wenn am Yppenplatz alle Tische besetzt sind, findet man beim Gasthaus Müller immer noch was.

Während draußen auf den Dachterrassen der schicken, neuen Hipsterlokale vollbärtige DJs ihre jazzige Ambient-Livesets zu Besten geben, spielt hier drinnen DJ Radio Niederösterreich. Oder auch einfach mal gar nichts. Diesbezüglich bin ich mir mit dem älteren Herrn, der in Lederjacke und Jogginghose am Nachbartisch sitzt, schnell einig, dass das hier schließlich ein Gasthaus und keine Großraumdisko ist.

Gerade als mir die Bedienung mein Bier auf den Tisch stellen will, kommt ihr eine mollige, ältere Frau im bunt gemusterten Seidenponcho in die Quere und drückt ihr ein Bussi ins verschwitzte Kellnerinnengesicht. Offensichtlich ein Stammgast. Man kennt sich hier eben noch. Da muss eine vertrocknete Kehle wie die meine hinten anstehen. Fasziniert vom kontrastreichen Farbenspiel ihres Seidenumhangs und der vielfältigen Muster, die man sonst nur von Vorhängen oder Autobezügen kennt, lausche ich ihrer ausführlichen Plauderei und erfahre so, dass die Kellnerin morgen zeitig in der Früh auf Urlaub fahren möchte. »Die Chefin hot eh wen fürs Wochenende, und vorher ist sowieso ned vü los«, erklärt sie sich.

Es ist vielmehr meiner guten Erziehung und weniger wirklichem Interesse geschuldet, dass ich eine Frage nach ihrem Reiseziel in die Runde werfe und nicht einfach auf die Herausgabe meines Bieres dränge.

»Stuttgart«, schwärmt sie, »jedes Jahr einmal Stuttgart. Mir g'falln die Leut dort einfach so. Die sind so gemütlich und haben auch einen Schmäh. Es ist ein bissl wie bei uns.«

Unweigerlich muss ich an den viel zu früh verstorbenen Udo Jürgens denken, der Zeit seines Lebens auch nie in New York oder Hawaii gewesen ist, aber dafür mit Sicherheit in Stuttgart. Warum soll man auch irgendwohin weit weg auf Urlaub fahren, wenn's zu Hause am Schönsten ist. Wenn's woanders besser wäre, würde ich dort wohnen und dann erst recht nicht auf Urlaub fahren. Udo hätte es im Müller sicher auch gut gefallen.

Die Kellnerin merkt, bei mir auf Verständnis gestoßen zu sein, nickt mir kurz zu und rückt, als hätte ich eine Prüfung bestanden, endlich das mittlerweile lauwarme Bier heraus. Offensichtlich bin ich ihr nicht unsympathisch. Wenn man im Müller erst einmal akzeptiert wurde, wird man hier beinahe mit Herzlichkeit bewirtet.

Wahrscheinlich ist es genau das, was den Charme dieses Ortes ausmacht. Weder schrecklich unfreundlich noch besonders freundlich wehrt man sich mit vermessener Normalität gegen jeden Schick und jeden Hype.

Andernorts müssen die alten Gäste, die alleine in der Jogginghose eine Zigarette nach der anderen rauchen, neuen, jungen, hippen Gästen weichen, die in der Jogginghose Zigaretten rauchen. Bloß sind die neuen Jogginghosen eben der letzte Schrei, genialer Trashstyle, flashig und epic.

Veränderungen scheinen hier wesentlich weniger gern willkommen zu sein als einfache Gäste, die es schätzen, sich ohne große Aufregung unterhalten zu können und dabei ein Bier zu trinken. Normales Bier, wie man es kennt, ohne Champagnerhopfen und Zitronenabrieb.

Man verliebt sich nicht sofort ins Gasthaus Müller. Und ehrlich gesagt dauert dann die Phase des Verliebtseins auch nicht besonders lange. Aber man schätzt es, weil es einen respektvoll in Ruhe lässt.

»Die geheime Superkraft dieses Ortes besteht darin, allen Gästen das Gefühl zu geben, seit 120 Jahren hier zu sein.«

Gasthaus Quell Maximilan Zirkowitsch

Adresse: **Reindorfgasse 19, 1150 Wien**	Charmefaktor: **Günter-Brödl-Ehren-Plakette**
Öffnungszeiten: **Mo–Fr 11–24 Uhr**	WC-Situation: **Pissoir mit englischem Schüttelreim**
Speisen: **Gebackenes, Gebratenes, Gegrilltes, Ge…**	Song zum Lokal: **RAF Camora, 5haus**
Rauchen: **Mmmhh, ja bitte**	Wer das mag, mag auch: **Dr. Kurt Ostbahn**

Es ist 11 Uhr. Pünktlich betrete ich das Gasthaus und bin der Erste. An einem Tisch sitzt das Küchenteam und raucht sehr mürrisch. Ich grüße. Der Gruß wird nicht erwidert. Die Luft flirrt und ich weiß, was sie sagen wollen: »Geh scheißn!« Ich nehme es sportlich und im Raucherbereich Platz.

»Gibt es hier eine Steckdose?« Ich habe meinen Computer dabei, damit es nicht so auffällt, wenn ich schon am Vormittag zu trinken beginne. Recherchearbeit ist hart.

»Na, na ja, also … im Nichtraucherbereich ist eine, aber ich weiß nicht, ob sie funktioniert.«

Auch das noch, Nichtraucher! Wie soll ein Mensch sich betrinken, wenn er dazu nicht raucht? Ich wusste nicht, dass man im Wirtshaus auch nicht rauchen kann. Was macht man mit der freien Hand? Wahrscheinlich die Haare raufen.

»Das Quell«, notiere ich geistig, »ist eine Insel, ein Bollwerk und ein Gasthaus. Hier werden Hungernde gespeist und Durstende getränkt. Kein Wunder, dass es 1896 unter dem Namen ›Zum guten Hirte‹ eröffnet wurde. Das Hirtenjunge-Gemälde blieb, der Name nicht.«

Die geheime Superkraft dieses Ortes besteht darin, allen Gästen das Gefühl zu geben, seit 120 Jahren hier zu sein. Nach 22 Uhr hat man sogar das Gefühl, seit 120 Jahren zu trinken.

Die Steckdose geht. Hurra! Ich werde Pornos ohne Ton schauen, damit ich mich nicht ganz so blöd fühle, und die Notizen auf Papier niederschreiben. Mit Laptop im Wirtshaus! Wäre es nicht aus Recherche- und Tarngründen, würde ich mich das nie trauen. »Ja, ein kleines Bier bitte.« Man muss maßvoll tschechern, wenn man ganztägig tschechert. Welcher Porno passt zu einem kleinen Bier? Ich schau mal auf Facebook. Da zeigen die Leute auch alles her.

Um elf Uhr dreißig kommen die Ersten zum Mittagessen. Es sind gar keine Pensionisten, sondern junge Businesswastln, die über SAP und Workflow reden. »Noch ein kleines Bier, bitte!« Ich ertrage das nicht. Sie trinken Saft. Typisch Alkoholiker, verstecken den Konsum. Heimlich Wodka am Klo und so. Ich kenn mich aus! Mir können die nix erzählen.

In der Zwischenzeit ist eine junge Familie gekommen. Alle essen Schnitzel. Den Kindern wird es vorgeschnitten. Ich überlege einzugreifen und zu brüllen: »Wer sein Schnitzel nicht schneiden kann, ist es auch nicht wert!« Stattdessen notiere ich den Satz. Wie alt ist das Kind? Wann lernt man Schnitzelschneiden? Und wann verlernt man es wieder? Die Business-Leistungs-Alkoholiker genieren sich nicht einmal, neben einem unschuldigen Kind zu sitzen. Ich stelle mich darauf ein, nötigenfalls einzugreifen. Zivilcourage ist ein moralisches Gebot! Und »noch ein kleines Bier bitte!«.

Dank meiner angespannten Körperhaltung und der eindeutigen Körpersprache kann ich präventiv wirken, und dem Kind mit seinen ahnungslosen Schnitzeleltern passiert nichts. Mein kleines Bier kommt. Ich erfrische mich. »Na, Kleine! Da hast du aber noch einmal Glück gehabt«, raune ich dem Mädchen zu. Die Eltern ziehen den Kindersitz näher zum Tisch und blicken mich durchdringend an. Endlich wird ihnen bewusst, in welcher Gefahr ihr Augapfel schwebte. Gut, dass es mich gibt. Ich lehne mich zufrieden zurück und gönne mir einen Schluck Bier. »Zahlen bitte«, höre ich den Schnitzelfamilienvater sagen. Feiglinge!

Ah, es ist Viertel nach zwölf. Die ersten Männer trudeln ein. Achtelrottrinker. Mir können die nix erzählen. Die Kellner lassen sich nichts anmerken. Hier in der Vorstadt werden alle gleich behandelt – sogar die Trinker!

»Die Karte der Gastwirtschaft ist typisch wienerisch: tschechisches Bier, schweinerne Braten, gebackenes Gemüse (z.B. Emmentaler). Für Genussspechte, Genusstrinker und Trinkspechte gibt es Obstbrände. Ansonsten gibt's zu Martini Gans und am Aschermittwoch Fisch«, formuliere ich gekonnt wie ein Werbetexter. Einmal habe ich hier Marius Müller-Westernhagen[1] beim Heringsschmaus getroffen.

Dabei hab ich noch gar keinen Hunger. Zum Glück habe ich am Markt noch stilecht gefrühstückt. Und Bier ist ja auch nahrhaft. Schon die Mönche im Mittelalter haben in der Fastenzeit immer nur Bier getrunken. Das Handy des einen Achtelrottrinkers läutet. Es ist das James-Bond-Thema. Sofort bin ich ganz Ohr und höre ihnen zu. Es geht um Politik. »Na, und die wollen bestimmt keinen Kommunismus mehr … Was macht der Fischer jetzt dann ohne Chauffeur?« Sie essen jetzt Schnitzel und gebackene Champignons. Ja, wer so säuft, braucht eine Unterlage, das ist klar. Mir können die gar nix erzählen! »Im 34er Jahr … Die ganzen Arbeitslosen.« Sie haben Sorgen. Sorgen, die Adolf Hitler oder Bruno Kreisky noch ernst genommen hätte.

Ich geh mal rauchen. Alle drei kleinen Bier eine Zigarette. Es wird mir guttun, einmal nicht so viel zu rauchen. Auf dem Weg zum Aschenbecher bestelle ich noch ein kleines Bier.

»Mmmhhh, Zigarette«, denke ich und sehe mich um. Die Luft flirrt schon lange nicht mehr; im Gegenteil, die Stimmung ist gelöst. Die Wände sind vertäfelt, die Tafeln kariert gedeckt und verspielte Brandlöcher schmücken die Tischdecken. Eigentlich ist alles aus Holz, sogar die Tischtücher. Das Quell knarzt nicht, es atmet. Wahrscheinlich hat es seit den 1930ern eine Raucherlunge.

1 Es ist natürlich nicht Marius Müller-Westernhagen, sondern jemand anders; jemand aus Wien.

Apropos 30er, die ersten Pensionisten kommen. Sie essen natürlich keine Schnitzel, sondern breiige, weiche Speisen wie Gulasch oder Spinat mit Spiegelei und Salzerdäpfeln. Das wird dann zu einem bekömmlichen Brei verrührt. Dazu gibt es kleine Biere. Pension und Seidl sind praktisch nicht voneinander zu trennen. Ich freu mich schon auf meine Pension und das nächste kleine Bier. Ich will schließlich bald wieder rauchen.

Gerade war Robert da. Er arbeitet ums Eck. Natürlich habe ich mit ihm gegessen und ein großes Bier bestellt. Wie sieht das denn aus, gebackene Leber und kleines Bier? Dafür hat man doch die Leber! Jetzt noch schnell ein kleines Bier als Nachspeise, dann kann ich wieder rauchen. Ich beeil mich. Die Leber liegt schwer im Magen. Wahrscheinlich schwimmt sie. Das wird ihr guttun und mir auch.

Geil, am Nebentisch klären zwei Deutsche aus dem Kultureventmanagement, wann und wie Caroline Kebekus[2] auftritt. Aus humoristischer und menschlicher Solidarität kann ich hier allerdings nicht erörtern, was da alles fällt. Mir wird schlecht.

Es ist jetzt vier Zigaretten später. Mit dem Kellner habe ich vereinbart, dass ich ab 18 Uhr rauchen werde. Er räumt mir einen Tisch an der Theke frei und wirft die Gäste, die gerade noch an ihm sitzen, hinaus. Das Risiko, dass ich im Nichtraucherbereich bei der einzigen funktionierenden Steckdose rauche, ist zu groß. Jetzt steige ich auch auf große Biere um. Oder Saft. Ich kann nicht mehr, zumindest kein Bier mehr. »Geh, bring ma an Radler, bitte!«

Genussvoll ziehe ich an meiner Zigarette. Ich bin Trinker unter Trinkern und Raucher unter Rauchern – inter pares. Am Nebentisch sitzen sechs Männer zwischen dreißig und fünfzig und trinken Bier. Einer isst Suppe. Es ist kurz nach dem ersten Wahldurchgang für die Bundespräsidentschaft.

2 Es ist natürlich nicht Caroline Kebekus, sondern jemand anders; jemand aus Wien.

Der Suppenmann: »Sicha, de Grünen san Kommunisten …«

Es wird still am Tisch.

Suppenmann: »… aber deswegen de Blauen wöhlen?«

Es wird noch stiller. Fünf Männer starren in ihr Bier, einer rührt in seiner Suppe.

Ein Biermann: »So gsehn san de eh scho wieder die liberale Mitte.«

»Endlich bin ich unter Menschen«, denke ich, ziehe an meiner Zigarette und notiere das.

»Ist nur unser Essen, nix für Österreicher.« Ich fragte sie, wieso. »Schmeckt Österreicher nicht«, antwortete sie.

Jo! Sushi & Co. Martin Amanshauser

Adresse: Ottakringer Str. 60, 1170 Wien	WC-Situation: Kinder werden nach hinten geführt, ich noch nie
Öffnungszeiten: tägl. 10–22 h	Song zum Lokal: Mongol 800, Song for you
Speisen: Sushi & Co.	Wer das mag, mag auch: Hongkong-Style-Lokale
Charmefaktor: für Tiefgänger extrem hoch	

Ich habe da eine wichtige Lebenserfahrung, das Trinken betreffend: Wenn man das Trinken plant, funktioniert es nicht. Auf fünfzig Abende, an denen ich sinnlos und desinteressiert mit Leidensgenossen ein paar Bier oder weiße G'spritzte hinuntergewürgt habe, kam in meinem Leben bisher höchstens einer, an dem Elemente und Menschen so gut zusammenpassten, dass sie abhoben und flogen. Diese Abende waren richtig großartig. An den anderen hätte ich besser Karottensaft getrunken.

Die großartigen Abende hatten alle eines gemeinsam: Sie waren ungeplant, sie überfielen die Protagonisten von hinten. Und meistens fanden sie an jenen Orten statt, an denen man es nicht für möglich hielt.

Dort, wo ein sinnloser Dönerladen aufgegeben hatte, eröffnete in meiner Nachbarschaft ein knallrosa Asia-Imbiss mit dem kuriosen Namen »Jo! Sushi & Co.«, der gebratene Nudeln mit unglücklichen Hühnerstückchen verkaufte – eine klassische Schina-Fanne, wie die Deutschen sagen. Ich war nicht besonders glücklich. So was war kaum besser als ein Wettbüro oder Sonnenstudio.

An einem der nächsten Tage trat ein Notfall ein. Ich hatte kein Abendessen eingekauft und wollte probieren, wie die »Jo!-Sushi & Co.«-Sushi in der Familie ankommen. Meine Kinder sind Sushi-Spezialisten. Wenn der Lachs frisch und der Klebereis schmackhaft ist, vertilgen sie eine beträchtliche Menge Sushi (bzw. Nigiri). Bei durchschnittlicher Qualität oder bei altem Fisch lassen sie nach ein oder zwei

Stück instinktiv davon ab. (Ich plane übrigens, sie als Vorschmecker auszubilden, weil ich in diesem Fachwissen meiner Kinder Potenzial sehe.)

Ich ließ mir die Sushi herstellen und einpacken, und sie kamen daheim ganz gut an. An einem der nächsten Tage begab ich mich, ganz in Trance, fast als würde mich die chinesische Botschaft fernsteuern, hungrig ins »Jo! Sushi & Co.«. Es war gerade kein Betrieb. Die beiden Männer und die Frau, die den Laden betrieben, saßen essend an einem der drei Tische. Auf den ersten Blick erkannte ich, dass es sich bei den Speisen, die sie aßen, nicht um Schina-Fanne, sondern um echte chinesische Volksküche handelte. Ich fragte, ob ich nicht etwas dieser Art haben könnte und zeigte auf das eingelegte Gemüse, den frischen Spinat, den Reis mit Chili, das Rindfleisch in einer fremdartigen Sauce. Die Frau, die offenbar am besten Deutsch sprach, schüttelte den Kopf: »Ist nur unser Essen, nix für Österreicher.« Ich fragte sie, wieso. »Schmeckt Österreicher nicht«, antwortete sie.

Aber ich bettelte weiter, erhielt ein paar Löffel und konnte sie überzeugen, dass ich es gut fand.

Seitdem komme ich einmal pro Woche und frage, wann sie mit dem echten Essen fertig sind. Meistens essen sie zwischen 14 und 16 Uhr. Ich habe seitdem Schweinsohren, Hühnerkrallen, jede Menge eingelegtes Gemüse, kaltes Fleisch mit Koriander, spezielle Wan-Tan-Suppen und alles Mögliche mir bisher Unbekannte gegessen. Sie verrechnen mir dafür immer einen Preis zwischen 4 und 8 Euro. Alles, was sie mir jemals aufgetischt haben, war gut. Und wenn ich meine Kinder in dieses Lokal bringe, mögen auch sie das meiste – nicht nur das Sushi.

Gelegentlich lachen die Chinesen und verkünden stolz: »Heute indisches Essen. Es gibt indisches Curry!« Und dann esse ich beim Chinesen indisch.

Ich muss jedoch gestehen, das »Jo! Sushi & Co.« ist das einzige Lokal der Welt, in dem ich nie etwas trinke. Ich komme ja meistens spontan aus meiner Wohnung, und dort oben habe ich gerade viele Liter von

Grün- und Schwarztee getrunken. Ich bin also denkbar undurstig. Das »Jo! Sushi & Co.« ist auch das einzige Lokal, in dem ich nicht das Gefühl habe, etwas trinken zu müssen. Es werden hier ja auch keine Getränke serviert. Es gibt zwei Kühlschränke, aus denen man sich Getränke nehmen kann. Unter ihnen steht unschuldig das Tsingtao, eines meiner Lieblingsbiere. Manchmal betrachte ich die hübsche Flasche mit dem Logo einer von Hopfenblättern umrahmten Pagode, die offenbar am Wasser steht, durch die Scheibe des Kühlschranks. Ich warte auf den Tag, an dem ich jemanden auf eine Flasche einlade, und dann noch auf eine, und dann noch auf eine. Ich glaube, dass dieses Lokal der angemessene Ort ist, um einen besonderen Abend zu erleben, einen Abend, an dem ich abhebe und fliege.

»Im Le Troquet bleibt niemand lang allein.«

Le Troquet

Evelyn Steinthaler

Adresse: **Kirchengasse 18, 1070 Wien**
Öffnungszeiten: **Mo-Sa 11-1.30 h**
Speisen: **Bonjour, les moules et frites!**
Rauchen: **ja**
Charmefaktor: **magnifique und cosy**
WC-Situation: **sauber**
Song zum Lokal: **Serge Gainsbourg, Je t'aime**
Wer das mag, mag auch: **Café Europa, 1070**

Ich war heute mit meiner Freundin Claire im Admiral Kino. Und weil wir Freitagabend haben, der Film nachbesprochen werden muss und Claire ein neues Lieblingslokal hat, geht sie mit mir ins Le Troquet.

Da ich mit meinen paar Brocken Französisch keine Ahnung habe, was Troquet bedeutet, sagt Claire, die Französin ist und seit ihrer Jugend in Wien lebt, »Kneipe« und zieht mich durch den leichten Regen über die Burggasse stadteinwärts. »Du wirst dich gleich auskennen«, meint sie mit vielsagendem Blick und sich leicht überschlagender Stimme, als wir in das durchaus französisch anmutende Lokal eintreten.

Die an den hohen Wänden einander gegenüberliegend angebrachten schwarz-weißen Transparente »Toujour« und »Seul« versteh sogar ich, und im ersten Moment wird mir klar, dass das hier sicher nicht lange zutrifft: Im Le Troquet bleibt niemand lang allein. Jedenfalls heute Abend nicht. Dafür ist das Lokal zu voll und zu klein und dafür scheinen doch einige der anwesenden Männer zu sehr daran interessiert zu sein, welche Frau als Nächstes zur Glastür reinkommt.

Claire hat recht, ich kenn mich gleich aus, denn sie ist unter meinen Freundinnen diejenige, die am schnellsten ihren Beziehungsstatus (Single) ändern will. Und weil die Blicke einzelner Typen verraten, dass hier nicht unbedingt Pärchen-Abend am Programm steht und die Partnerinnen nur alle grad auf dem Frauenhäusl sind, sondern sich mit dem einen oder anderen etwas mehr ausgehen könnte, als einen Pernod zu zwitschern, beschleicht mich die Vermutung, dass mich Claire nicht zum Filmnachbesprechen hergelaxelt hat, sondern: Ich hab den Auftrag, ihr beim Aufreißen beizustehen. Ich muss Claire gar nicht fragen, ob meine Vermutung stimmt, ich sehe mir nur ihren flackernden Blick und ihre roten Wangen an – und alles ist klar.

Dass wir hier trotz französischen Essens, das durch das dezent schummrige Lokal an mir vorbeigetragen wird (»Sind das Muscheln?«, frag ich die Kellnerin. »Nein«, flötet sie mir freundlich zu, »die gibt es immer am Donnerstag.«) in Wien sind, ist daran zu erkennen, dass das Le Troquet ordentlich zugequalmt ist und es hier weder ein komplettes Rauchverbot noch einen abgetrennten Raucherraum gibt. Für Ersteres sind wir in der falschen Stadt und für Zweiteres ist das Lokal zu klein.

Ein paar von den an der Bar eingecheckten Herren meine ich aus dem unweit gelegenen Europa längst vergangener Tage zu kennen, als mich ähnliches drängte, wie Claire heute Abend. Es sind überhaupt einige Leute da, die wie wir zwei längst nicht mehr zu den 20somethings gehören. Wir sind also in eine subversive très charmante Ü40-Party im Bobo-Bezirk hineingestolpert! An der Bar wird vom Laptop aus Musik aufgelegt. Da singt Serge Gainsbourg ohne stöhnende Birkin, und ich bedauere einen Moment lang, dass ich vor langer Zeit das Experiment Gitanesrauchen aufgegeben habe.

Ich nehme also mein Packerl Smart raus, zünd mir eine an und sondiere für meine Freundin das Terrain. Dabei bin ich ganz froh, meinen Kopf einer beweglichen Parabolantenne gleich nicht rotieren lassen zu müssen, um keinen Blick zu versäumen, obgleich … Aber lassen wir das, wir sind ja schließlich nicht wegen mir hier. Zu meinem Amusement (ja, hier im Le Troquet muss auch ich auf Mademoiselle machen) erkenne ich, obwohl ich mit einem rasend schlechten Gesichter-Gedächtnis gesegnet bin, einen Liebhaber von Claire aus unserer gemeinsamen Studienzeit im letzten Jahrtausend. Schräg links hinter ihr, gleich neben der Tür zu den Toiletten. Vielleicht ist er mir in Erinnerung geblieben, weil ich mir damals im Titanic mit Claire die Seele aus dem Leib getanzt hab, als er aufgetaucht ist, und ihr nach einem halben Jahr schließlich auch dabei geholfen hab, den Text für ein Schlussmach-Telegramm zu texten.

Der gute Mann hat seine frühere Schönheit eingebüßt, Kopfhaar so gut wie futsch (der Rest nicht flott abrasiert, sondern einem halb gerupften Huhn gleich vom Hinterkopf abstehend), sein damaliger Fitnesstrainer-Körper eindeutig Vergangenheit, aber dass er noch immer glaubt, Gottes Geschenk an die Frauen dieser Stadt zu sein, ist ihm anzusehen. Er ist Franzose mit marokkanischen Wurzeln und faselt gerade eine Frau zu, der sein Akzent für heute zu genügen scheint. Claire verdreht die Augen, als ich ihr zuflüstere, dass Telegramm-Claude hinter ihr steht. Ob sie hier den Mann fürs Leben auftun wird, wage ich, während ich mich umsehe, zu bezweifeln. Gesellschaft für ihr nächstes Frühstück im Bett könnt es allerdings tatsächlich geben. Im Le Troquet drängen sich die wohlgelaunten Gäste, wir stehen mitten im Raum, Zigaretten in der einen, Drinks in der anderen Hand und Claire will sich mit mir nicht an den einen freien Tisch am Fenster setzen. Da verliere man sehr schnell den Überblick, meint sie. Also versuchen wir uns langsam dem einen Stehtisch zu nähern, der die rechts von der Bar gelegenen Hochbänke-Stehtisch-Ecke abschließt. Hier bringen wir wenigstens unsere beiden weißen Spritzer unter und können den Aschenbecher mitnutzen.

Claire kennt natürlich zwei Teilnehmerinnen der Geburtstagsgesellschaft, die sich französische Kleinigkeiten im Takt in den Mund schiebt und sonst wenig zu sagen hat. Das Geburtstagskind, eine elfenhafte Schönheit, ist hauptsächlich damit beschäftigt, Champagner zu kippen und immer wieder reihum ihre Geschenke zu bestaunen. Claires Bekannte sind etwas jüngere Frauen. Beide wohnen im 7. und beide sind Kreative, wie es sich für den Bezirk gehört. Alles nett und ordentlich. Da wird mir klar, dass wir uns hier haarscharf auf der Zustandswetterscheide des Lokals befinden, hier die saturierte Geburtstagsgesellschaft, und im Rest des kleinen Lokals hauptsächlich Sehnsüchtige.

Das gleichmäßig fade Gespräch mit den beiden Kreativen nütze ich für eine Inspektion des Damenhäusls. Als ich mich wieder zurückkämpfe, kommt ein hübscher Mann bei der Tür herein. Sieht sehr pariserisch aus, ein bisschen wie der schöne Bruder von Daniel Auteuil.

Irgendwo in der Menge bleibt er hängen, hat aber Claire, die übrigens eine blonde Schönheit ist, und mich ziemlich bald im Visier. Immer wieder wandert sein Blick in unsere Richtung. Claire ist wie ich selbst eine große Frau und sie ist im Gegensatz zu mir eher unflexibel, was die Körperlänge ihres Gegenübers betrifft. »Im Liegen is das doch egal«, sag ich und versuch ihr klarzumachen, dass es heute Abend auch mit dem kurzen schönen Mann wahrscheinlich nicht ums Aufgebot gehen wird.

»Was trinkt ihr?«, fragt er, in gebrochenem Deutsch. Wir sind beide überrascht, wie rasch er sich zu uns vorgekämpft hat.

»Weiße Spritzer«, sag ich.

»Boudicca«, sagt er.

»Wie bitte?«, sag ich, Claire kriegt kein Wort raus, weil sie offensichtlich zu überrascht ist, dass er es an unseren Tisch geschafft hat.

»Boudicca«, sagt er wieder und lächelt.

Aus Wellington sei er und Gesangslehrer, sagt Paul.

Also nix Franzose, schade. Claire wär so in Stimmung gewesen.

Tatsächlich ist Claire aber noch immer in Stimmung und erlaubt ihm, das Wort an sie zu richten. Ich hab den Eindruck, dass sich die beiden gut verstehen, denk mir, Mission erfüllt, und will mich dezent verabschieden. Bevor ich aufbreche, frag ich ihn aber noch, was denn Boudicca sei?

»Eine keltische Königin, die die Briten gegen die Römer angeführt hat. Und Claire erinnert mich an eine stolze Königin.«

Claire lächelt Paul verzückt an, sagt nicht, was sie als Französin von den Briten hält, ich nicke ihr zu, hol mir meinen Trenchcoat von der Garderobe im nicht verrauchten Toilettenvorraum und wünsch der keltischen Königin und ihrem kleinen schönen Neuseeländer einen tollen Abend. Von mir gibt es jetzt nur noch ein geflüstertes »Bonne Chance!« mit Wangenbussi für Claire und einen Händedruck für Paul, und auf meinem kurzen Nachhauseweg bin ich schon ein bisschen darauf gespannt, wann mich Claire anruft, um mir von seinen weiteren Huldigungen zu erzählen …

»Die Loos Bar ist nicht die beste Bar der Stadt, sie ist die einzige.«

Loosbar

Dodo Gradistanac

Adresse: **Kärntner Durchgang 10, 1010 Wien**
Öffnungszeiten: **Mo–So 12–4 h**
Speisen: **Nüsschen!**
Rauchen: **ja**
Charmefaktor: **138 %**
WC-Situation: **dramatisch**
Song zum Lokal: **Jazz-Covers of 80s Hits-CD**
Wer das mag, mag auch: **New York City**

Die Loos Bar ist nicht die beste Bar der Stadt, sie ist die einzige.

Und das Allerattraktivste an der Loos Bar ist ihre Beschaffenheit. Sie ist gleichzeitig so feststofflich wie gar nicht. Oder, anders: Sie ist wie nicht in Wien – und gleichzeitig Wien *in a nutshell.*

Wie geht das?

Die Loos Bar befindet sich mitten im strengsten Zentrum der Stadt – und gleichzeitig kennt niemand die Straße. Ich habe zumindest über all die Jahre noch keinen Taxilenker (Inländer!) getroffen, der den Kärntner Durchgang auf Anhieb und fehlerfrei zuordnen hätte können.

Sie ist eine Wiener Institution seit 1908 – und gleichzeitig verwechseln sie sogar Eingeborene gerne mit der, äh, anderen Bar daneben.

Der Ton in der Loos Bar ist international, die (ausnahmslos) Herren hinter der Bar von vollendet weltmännischem Auftreten und virtuos in den fitzgeraldesken Cocktails – und gleichzeitig schmiert sich das Wienerische, das Unbeeindruckbare, um vier Pulsschläge Langsamere über den Tresen.

Eine der schillerndsten Frauen der Stadt, Marianne Kohn, steht der Loos Bar vor. Sie selber nennt die Loos *die Loge* und sich selbst bloß ihre *Verwalterin*. Frau Kohn verkörpert, ja definiert sogar, einerseits perfekt die Wiener DNA – Falco, U4, die vielen Hunzerln, die sie äußerln führt –, und muss gleichzeitig mit ihren Tattoos Patin gestanden haben für niemand Geringeren als Amy Winehouse. Sie ist ein Superstar, *Szene-*

gastronomin könnte hier jetzt stehen – dabei stimmt das schon wieder nicht, denn sie ist ein Idol, unaufgeregt großartig und unfreiwillig cooler als der verbissene Rest, und in Wirklichkeit will sie einfach nur in Ruhe Opern hören (die Italiener natürlich.)

Es handelt sich bei der Loos Bar alles in allem um ein Hedonisten-Hogwarts, zu dem eine Ziegelwand zwischen zwei Bahnsteigen führt – wenn man sie nur kennt, und wenige tun das –, aber gleichzeitig steht sie in allen Wien-Führern.

Es verhält sich wie bei Büchern, Parfums, politischen Ideologien und Reisezielen: Es ergibt sich ab einem bestimmten Alter und einhergehender Menschenkenntnis eine gewisse Zuordnung und -gehörigkeit, in der alles und jeder dorthin kommt, wo es/er/sie hingehört. Lassen Sie es mich Ihnen so sagen: Mich hat noch nie überrascht, dass jemand die Loos Bar entweder nicht kennt oder sie nicht mag. Und umgekehrt umgekehrt. Auf manche Dinge ist eben Verlass. Auf die Loos Bar immer! Sie ist ein Paralleluniversum mitten in Wien, in dem die Dinge noch eine Ordnung haben, so streng und brillant, als hätte Dorothy Parker sie postuliert.

Und, wieder so eine Sache: Als doppelt Zugereiste (Belgrad und Linz) habe ich mich in der Loos niemals fremd gefühlt. Anders als andere Wiener Institutionen wie das Schweizerhaus, das Anzengruber und Altaussee hat die Loos präpubertäre Flachzangen-Arroganz nicht nötig, denn sie ist, wie alle Legenden, bescheiden in ihrer Selbstsicherheit, sie ist groß und generös, und man fühlt sich in der Loos immer besser, als man eigentlich ist.

Man kann sich dort auch verstecken. Vor Weihnachten beispielsweise, und überhaupt vor Ängsten en gros et en detail.

Daher glaube ich, man muss dort immer drinnen sitzen, trotz des Schanigartens. Man muss drinnen sitzen an einem der drei Tische oder hier sogar, in krassem Gegensatz zu sonst überall, wo ich das nicht mag, beziehungsweise schlicht nicht kann, am Tresen in der ewigen Dunkelheit einer perfekten Bar.

Man muss Champagner trinken, den man sich eigentlich gerade gar nicht leisten kann.

Und dann muss man sich fürchten vor dem steilen Abgang zur Toilette wegen der zu hohen Absätze und des zu vielen Champagners.

Böse Zungen behaupten, dass sich in Wien überhaupt das letzte Mal vor 100 Jahres etwas geändert haben soll. In der Loos Bar stimmt das auf jeden Fall seit beinahe 110 Jahren – und das ist gut so. Die kleinen Vorhänge über den Lampen, denke ich oft, sogar die kleinen Vorhänge über den Lampen sind ein Werk Adolf Loos'. Von allen zauberhaften Details und beeindruckenden Monumenten guten Geschmacks in dieser Zauberkiste, in diesem Raumwunder, starre ich immer ausgerechnet auf die Vorhangerln.

Alles kommt, alles geht, Jahreszeiten und Modetorheiten, die Crème de la Crème der Stadt wird zu ihrem Bodensatz und dann wieder umgekehrt, die Flavours of the Month und die, die gekommen sind um zu bleiben, die Mächtigen, die Fremden, die Zwänglerischen, die Lauten und die Tuschler; die Schirmchen-Getränk-Mademoiselles und die ernsthaften Trinker, die Abgestürzten und die Wieder-Aufgebauten: Alles schwappt an der Loos vorbei und kurz in ihre Bucht hinein. Nichts und niemand allerdings hinterlässt eine Spur, verformt ihren Stein. Sie steht da, als wär nix.

So ist das in der Loos. Und sag niemals *American Bar* zu ihr!

»Die Pizza Bufala ist wirklich die beste!«

Pizzeria Mari' Bernhard Moshammer

Adresse: **Leopoldsgasse 23a, 1020 Wien**
Öffnungszeiten: **Di–Fr 12–24 h, Sa–So 12–23 h**
Speisen: **köstliche Pizzen, no Pasta**
Rauchen: **Certo che no!**
Charmefaktor: **straight**
WC-Situation: **nicht verkünstelt**
Song zum Lokal: **B. Moshammer, Bier mit mir**
Wer das mag, mag auch: **Alto, 1170 Wien**

Ich sitze nicht in Lokalen, nie.

Ich denke, dieser Satz kann und wird Leben gefährden. Er genügt, um im Kopf des Lesers die Gewissheit zu untermauern, dass er es hier mit dem nächsten *Anders Behring Breivik* zu tun hat.

Er war eigentlich immer recht nett, können die Nachbarn später dann schockiert ihre Köpfe schütteln, wenn ihnen das ORF-Logo ins Gesicht gesteckt wird, aber Fragen zu seiner Person werden sie doch nicht beantworten können. Ob er Freunde gehabt habe oder ein Alkoholproblem, welches sein Stammlokal gewesen sei? Keine Ahnung. Die Wirten rund um den hässlichen Häuserblock werden ihre Schultern hochwerfen und mit den Köpfen wackeln, wenn ihnen sein Foto gezeigt wird. Wie hat der eigentlich geheißen? Nennen wir ihn der Einfachheit halber *Bernhard*.

Alles klar also: Einer von der Sorte, die immer gleich nach Hause gehen, um ein *unauffälliges* Leben zu führen. Ein Stubenhocker, ein Sonderling, ein Misanthrop, ein Sozialphobiker. Der Bernhard ist der, der in der Pizza Mari' telefonisch vorbestellt, um die Wartezeit zu minimieren und dann gleich neben dem Pizzaiolo sitzen bleibt – ja, der da vorne in der braunen Jacke –, um in einem mitgebrachten Buch zu lesen und sich die Pizza mit nach Hause zu nehmen, wo er sie dann kalt und zäh vor dem Fernseher verzehrt und sich zum hundertsten Mal sagt: *Die Pizza Bufala ist wirklich die beste!* Dabei sind sowohl Lokal wie Speisekarte von einladender Einfachheit; die Wände kahl, hier und da ein Foto von Maradona oder anderen neapolitanischen Heiligen sowie diverse Kundeninformationen in italienischer Sprache. Auf der Karte gerade mal eine Handvoll Pizze, alle Zutaten (Grobe Hauswurst aus Niederösterreich!) von höchster Qualität. Aber sich hier einen Tisch zu reservieren – und das sollte man –, würde dem Bernhard nie einfallen; zu den Karmeliterviertelschnöseln will er nie und nimmer dazugehören. Ganz früher war hier alles jüdisch, später Arbeiterbezirk und jetzt laufen hier eben diese politisch korrekten Edelhippies rum, deren Kinder in Designerwäsche stecken und aus deren Stoffeinkaufstaschen das Biogrünzeug wächst. Aber die Pizza Mari' ist eben genau hier und auch er muss hier irgendwo wohnen, sonst würde er sich ja keine Bufala holen. (Frisch, also gleich vor Ort verzehrt, schmeckt die Bufala, als ob sie in Sophia Lorens Aura getaucht wurde.) Jedenfalls mag der Bernhard diese Leute nicht.

Er sieht aus wie einer, der Menschenansammlungen meidet, der es hasst, öffentliche Verkehrsmittel zu benutzen oder in Warteschlangen zu stehen. Der die Luft anhält, wenn er an Obdachlosen vorbeigeht und dabei denkt: *Die gehören weg!* Und immer ein antibakterielles Gel zur Hand hat. Für den wir (die Leser und Gäste der Pizza Mari') bloße Ansteckungsgefahr, potenzielle Virenträger sind.

Schauen Sie nur, wie er da sitzt, Ende dreißig, Anfang vierzig, leicht übergewichtig und gar nicht so unauffällig, immerhin behindert er die Kellnerinnen bei der Arbeit. (Der da drüben, kennen Sie den? Ist das nicht der Schriftsteller Menasse? Egal, hier futtert ja Gott und die Welt, ganz Wien pilgert hierher, weil alles so *echt* und *authentisch* ist. Die Leute lächeln sogar, wenn ihnen ihr Verlängerter verweigert wird, weil in Italien nach dem Essen nur und ausschließlich ein Espresso erlaubt ist.) Kann gut sein, dass der Bernhard dieser selbstgefällige Staatsfeind und EU-Hasser ist, der all diese unfassbar banalen *anarchistischen* Sprüche auf die frisch sanierten Häuserwände unseres Viertels sprayt. (Die wir aber dann doch auch irgendwie cool finden.) Wahrscheinlich, so will es das Täterprofil, ist er bei gruseligen Online-Communitys registriert, alles informationssüchtige Verschwörungsfreaks, die bei jeder Gelegenheit die *Protokolle der Weisen von Zion* erwähnen. Ist doch schön, Sündenböcke zu haben, kein Bier mundet besser als das *Sündenbockbier*.

Hier im *Little Italy* von Wien, trinkt der Bernhard aber gar nichts, vielleicht ist er ja so ein *Straight Edge*-Typ, ein regelrechter Rauschverweigerer. (Nein, nein, nein, der nicht, da legen wir unsere Hände ins Feuer; immer schön saufen, nur nicht mit uns – gell, Bernhard?!)

Der Bernhard hat selbstverständlich kein Problem mit Fremden, warum aber der Anblick der elegant verhüllten Frau am Tisch neben dem Eingang gleich mehrere Fragezeichen in ihm aufwirft, und zwar so hoch, dass er sie aus den Augen verliert, weiß er nicht. Die Gesichtsverweigerung ist *die Höhe*, sagt er sich vermutlich. Ja, Bernhard – die gute, alte Minderheitenfrage, soll die einmal wer beantworten! Sehen Sie, wie sein Blick immer wieder von seinem Buch (was liest er da überhaupt?) zu dem Tisch rüberwandert, an dem das nette schwule Paar sitzt? Das ist ihm jetzt natürlich unangenehm – kein Problem, wird er sagen, aber die um sich greifende *Homoverherrlichung*, wie er sie insgeheim nennt, nervt ungemein, und wenn, sagen wir, der *Christopher Street Day* angekündigt wird, malt er sich den Tag im Kalender schwarz an und fährt aufs Land. Ja, so einer ist er. Nicht, dass es den Bernhard kümmert, wer sein Ding wo hineinsteckt oder woran reibt, aber diese penetrante Zurschaustellung des Triebes im öffentlichen Raum muss ja auch nicht sein, findet er. Das sind doch alles erwachsene Menschen, was soll dieses ewige, alberne *Partymachen* in Kostümen? Das ganze Gehopse, Gelecke und Gepose ist doch nicht auszuhalten.

Horch, jetzt singt der Pizzaiolo! (Der selbstverständlich wie alles hier auch italienisch ist, nein, neapolitanisch! – ist das nicht super?) Aber der Bernhard, nun ja, der krümmt sich geradezu vor Unbehagen.

Ja, das Partymachen ist auch so ein Grund, warum der Bernhard nicht in Lokalen rumsitzt. Überall gibt's Happy Hours, Ladies' Nights, offenen Mundes steht er zuweilen vor Plakaten, die Pyjamapartys, Spermapartys, Halli-Galli-Partys, Oktoberfeste oder *Silvester im Au-*

gust bewerben. Was soll das? Was ist das für eine Welt? Der Bernhard versteht das nicht. Er versteht die Menschen nicht, ihm fehlt der Sinn fürs Feiern, für menschliche Gemeinschaft. Also geht er lieber nach Hause oder erst gar nicht weg.

Oder vielleicht kurz runter zum Zielpunkt ein paar Dosen Bier kaufen, irgendeins ist immer im Angebot, der Bernhard ist da nicht wählerisch. Wein kauft er beim Hofer. Die Hofer-Kassierin ist ihm höchst angenehm, weil sie nicht vorgibt, kein Roboter zu sein – sie ist ehrlich. Und wo, fragt der Bernhard, gibt es heutzutage noch so was wie Ehrlichkeit? Beim Hofer, antwortet er sich. Und in der Pizza Mari' natürlich, die ist immer voll und so laut, dass nie auch nur ein Anflug von Gemütlichkeit aufkommt, also essen die Leute ihre Pizza und gehen wieder, das ist schön. Auch der Hofer sagt einem: Nimm dein Futter und hau ab! Also Hofer und Mari'. Aber sicher, ganz definitiv sicher nicht in Lokalen, Bars, Cafés, Beisln oder Gastwirtschaften, in welchen die Lüge regiert wie sonst nirgendwo, die sich durch ihre schiere Existenz anbiedern und einem den schwer verdienten Ausgleich zur Härte des Alltags versprechen wie ein blöder Werbespot oder eine Frau: tröstende Zuflucht im Alkohol und die damit einhergehende Aussicht auf potenzielle Sexualpartner oder ein mehr als zweifelhaftes Übermaß an sogenannten *kulturellen* Darbietungen. Da könnte der Bernhard gleich kotzen. Danke, nicht mit ihm. Und drum würde er, wenn ihn denn einer fragte, auch frei heraus sagen: *Ich sitze nicht in Lokalen, nie.*

Vielleicht haben Sie ja recht. Vielleicht. Ich will mir hier kein Urteil anmaßen. Aber seien Sie ganz ehrlich, vielleicht ist das auch Quatsch, vielleicht ist der Bernhard ausgesprochen harmlos oder einfach nur normal; einer, der irgendwas arbeitet und dann eben gern daheim bleibt, sich Serien anschaut oder den neuen Wolf Haas liest. Ist doch auch möglich, jetzt beruhigen Sie sich.

Ich bin jedenfalls beim Schreiben richtig hungrig geworden. Ich komm noch schnell zu Ihnen rüber und hol mir eine Pizza Bufala. Es gibt keine bessere in Wien, was?

MARI

»Doch das Nachtasyl wertet nicht – es hortet.«

Nachtasyl

Rokko

Adresse: **Stumpergasse 53–55, 1060 Wien**
Öffnungszeiten: **Mo–So 20–4 h**
Speisen: **handfest**
Rauchen: **Nur in der Hölle raucht es mehr**
Charmefaktor: **handfest**
WC-Situation: **handfest**
Song zum Lokal: **Visací zámek, Traktor**
Wer das mag, mag auch: **Aki Kaurismäki**

Unter der Woche, halb elf am Abend: Ich öffne die dunkle Stahltür und steige die Stufen hinab. Das Nachtasyl ist ein Kellerlokal – überirdisch würde es nicht funktionieren. Einzigartiger, warmer Muff steigt mir in die Nase.

Heute sind mehr Menschen da als Hunde, den Punks ist es noch zu früh. Die gewölbte Decke hängt hoch und blättert ab, die Wände waren mal schwarz und weiß gestrichen. Die Preistaferln, handgeschrieben und mit sympathischer Patina versehen, versprechen nicht nur Getränke, sondern auch Speisen, wobei ich hier noch nie jemanden essen gesehen habe. Bestellt man eine Gulaschsuppe oder eine Lasagne, denke ich mir, wird man entweder ungläubig angeschielt oder hört nach einer Minute dreißig die Mikrowelle piepen. Derweil trieft die monoton-psychedelische Stonerkrautmischung von Wooden Shjips aus den Boxen und der bucklige DJ versucht die Lautstärkenplombierung abzumontieren.

An der Holzvertäfelung, die an gefährlichen Ecken mit Gaffa-Tape zusammengehalten wird, hängen Poster: Pankahyttn, Wagenplatz, Arena – und ein unauffälliges, kleinformatiges: »25 Jahre Nachtasyl«. Die Bänke und Sessel sind außergewöhnlich gut eingesessen, die Tische zeigen Spuren von all den Bieren, die darauf im letzten Vierteljahrhundert verrückt worden sind. Niemand wagt zu schätzen, wie viele Räusche an dieser Stätte gezüchtet wurden. Früher war das Nachtasyl ein tschechisches Kulturzentrum, heute mischen sich junge

Punks, vagabundierende Tschecheranten, auf Zeit asylsuchende Unruhgeister, gescheiterte Schreiberlinge und gesellschaftsmisstrauische Käuze dazwischen, ohne dass sich dabei jemand auf die Füße tritt. Das Lokal ist dunkel gefärbt, das Licht schwach. Geht man zur Bar, muss man eine Glastür öffnen, die seit den Raucherrestriktionen aufgezogen wurde und hier wie ein Gegenstand von einem fernen Planeten wirkt. Geraucht wird trotzdem – oder grade deswegen.

Das Lokal ist noch leer bis auf einen lamentierenden tschechischen Stammtisch mit sechs Mann und einer Frau. Biere, Schnäpse und Zigaretten finden in dieser Runde Sinn und Zweck. Auf dem Tisch sitzt neuerdings auch der Rauschebartträger, der jahrelang hinter der Budl gestanden ist, der mir seinen Namen hundert Mal gesagt hat, und ich hab ihn mindestens so oft vergessen. Hinter der Theke hockt jetzt ein tschechisch- und deutschsprachiger junger Mann, der wie der Enkel des nunmehrigen Stammtischbewohners aussieht – die nächste Generation erkennt ihre Tugend und nimmt ihre Pflichten an. Ich stelle mich zu ihm und beginne zu trinken. Nach zwei Bieren setze ich mich alleine an einen Tisch und gehe das nächste Wieselburger aus der Flasche an.

Mittlerweile ist das Lokal gut gefüllt, darunter ein paar Jenseitige und einige Abseitige. Der DJ legt einen Captain Beefheart-Song nach dem anderen auf, und ich genieße den hohen Pegel an Tischgesprächen rundherum, manche auf Tschechisch, manche auf Deutsch, manchmal hört man englische Wortfetzen dazwischen.

Irgendwann setzt sich jemand vom tschechischen Stammtisch am Weg zurück vom Klo zu mir: ein unauffälliger Anfangvierziger, der sich mit Namen vorstellt, doch alles, was ich mir noch merken werde, ist, dass sein Mittelname »Maria« lautet. Er hat jemanden gefunden, der seine Geschichten noch nicht kennt, und plaudert, ohne gefragt zu werden. Zweisprachig ist »Maria« aufgewachsen, erst vor zweieinhalb Jahren in Wien gelandet und arbeitet hier bei einer Bank, um zu »kontrollieren, dass die nicht zu viel Blödsinn machen«. Laut Eigenangaben geht es um Spekulationen, das kapitalistische Maximierungsprinzip und Versteckungstaktiken. »Wenn sich wer verspekuliert, na, baust halt ein Hochhaus in Bratislava für 20 Millionen, hast dich halt verschätzt. Ich bin gut im Leutebeeinflussen.« Das Nachtasyl kennt er über einen Kollegen, der vom Nebentisch zu uns nickt. »Maria« trinkt nur unter der Woche, zur Stressbewältigung. An Wochenenden schläft er durch. Ein gnadenloser Besserwisser, der nicht weiß, dass zu einem Gespräch mindestens zwei gehören. Doch das Nachtasyl wertet nicht – es hortet.

Nach dem Businesstalk, der unter diesen Umständen ein wenig bizarr wirkt, fängt er an, seine Familiengeschichte zu erzählen. Er lallt bereits und seine Story klingt wirr und unvollständig: Drei Brüder, lauter Waisen, einer davon sein Großvater, lebten getrennt in Wien, Prag und Bratislava. Zusammen reisten sie den Balkan hinunter, von dort nach Nordafrika und von dort mit dem Schiff nach Südamerika. Einer gründete eine Firma, doch bald zogen sie gemeinsam nach Nordamerika und 1939 nach Prag. »Marias« Großvater wurde ein berühmter Chemiker, seine Mutter programmierte schon in den 1970ern auf Computern – und er im zarten Alter von elf. »Wenn das kein Filmstoff ist! Ich hab auch schon öfter angefangen, das niederzuschreiben, aber so gut bin ich dann auch nicht …«

Ich winke ab und wechsle den Platz. Er ruft mir noch hinterher, wir sollten uns am nächsten Tag um 17 Uhr treffen, damit er mir »Beweismaterial« zeigen kann – im Tagasyl, dem Partnerlokal, gleich die Stiege rauf, das die Nachtschattengewächse auch untertags beschützt. Der Gedanke wirkt verlockend: das große Bier kostet dort einsfünfzig.
Mittlerweile steht die Uhr glatt auf der Vier und die Geldtasche wird immer schlanker. Ein paar Gestalten schlafen schon, andere bekommen erst jetzt ihr Glühen in den Augen. Manche geben sich die Kante, andere versuchen sie abzuschleifen. Auf der Tanzfläche steht ein älterer Herr in abgetragenem Mantel mit Augenklappe, der bei der Beefheart-Nummer »Electricity« zuerst um den Sessel tanzt und ihn bei einer eruptiven Passage durchs Lokal wirft.

Der grantige DJ schreit: »Heast, muaß des sein?!«, und da kommt auch schon der Rauschebartträger, ehemals Barbediensteter, in sein Element und stampert uns restliche Seelen aus dem Lokal. Sperrstund is, die Zeit kennt kein Zurück. So heißt es warten auf morgen, 17 Uhr. Und täglich grüßt …

»Beton *tritt dem* Hugo *in den Arsch.*«

Am Nordpol 3

Cornelia Travnicek

Adresse: **Nordwestbahnstraße 17, 1020 Wien**	Charmefaktor: **tschechisch**
Öffnungszeiten: **Mo-Fr 17-24 h, Sa-So 12-24h**	WC-Situation: **supa**
Speisen: **Böhmische Leckerstküche**	Song zum Lokal: **Somewhere over the Rainbow**
Rauchen: **im Gastgarten**	Wer das mag, mag auch: **Blauensteiner, 1080**

Man betritt den Nordpol durch zwei dicke Vorhänge. Innen ist der Nordpol ein hauptsächlich orangerotes Durcheinander mit dunkelholzigen Möbeln, in das sich der Weihnachtsmann schon lange nicht mehr getraut hat. Der Nordpol ist ein bisschen, als hätte eine Horde übergeschnappter böhmischer Elfen ein Bobo-Lokal in ein altes Wiener Weinhaus hineingeträumt.

(Der und/oder die geneigte LeserIn mag bitte die eine oder andere überschwängliche Metapher verzeihen, da dieser Text unmittelbar nach dem Besuch des Lokals verfasst wurde, um die Frische der Eindrücke zu garantieren. Nachdem der Verlag ganz subtil um den Genuss alkoholischer Getränke gebeten hatte, sehe, rieche, höre und schmecke ich momentan alles durch *Beton*. Und um Beton zu durchdringen, bedarf es schon einigen Überschwangs.)

Also, noch einmal: Wer, wie ich früher, nur die der Nordwestbahnstraße zugewandte Seite des Nordpol kennt, und an dieser vielleicht bis jetzt nur in den kälteren Monaten vorbeigegangen ist, der könnte, wie ich früher, meinen, das Lokal Am Nordpol 3 an der Adresse Nordpolstraße 3 wäre von zwanzig Jahre alten Gartenzwergen und im Zerfall befindlichen Gummibäumen bevölkert. Sobald es warm wird, weckt jedoch schnell der mit Wienern und Wienerinnen, die üblicherweise nicht in die Nähe von Gartenzwergen kommen, gefüllte Gastgarten, der sich neben einem Eingang des Augartens befindet, das Interesse der Passanten. Die Neugierde ist berechtigt.

Ich nehme pflichtbewusst Platz und studiere Karte und Interieur eingehend. Der Einrichtung des Lokals glaubt man eine rege Vorgeschichte geradezu anzusehen. Zu Recht ist der Track der Website zum Lokal *Somewhere over the Rainbow*, ist doch auch das Lokal irgendwie ein bisschen über dem Regenbogen. Hat diese eine Bank vielleicht früher in einer Kirche gestanden? Wie sieht der Tisch aus, der hier unter einer geradezu klassischen Herzerl-Plastiktischdecke versteckt wird? Und warum ist hier eigentlich so herzlich (haha!) egal, dass so vieles auf den ersten Blick nicht zusammenpasst, warum tut das Chaos hier dem Auge so gut? Wo kommt die Wärme her? Von der Heizung, vom polnischen Wodka? (Der polnische Wodka kam erst später, aber bei mir ist's schon später, deshalb… doch alles der Reihe nach.)

Die Getränkekarte ist umfassend und bietet eine Menge Wodka und Schnaps, genug, um die Sowjetunion wiederzuvereinen, außerdem verschiedene, unter anderem tschechische, Biere, in der Flasche oder offen. Ich, die eigentlich nie Bier trinkt, bestellt pflichtbewusst ein *Ježek*, ein dunkles. Außerdem eine Limonade namens *Wostok*, die nach russischem Tannenwald schmecken soll.

Beim ausführlichen Studium der Karte stellt man schnell fest, dass die Speisen im Nordpol die perfekte Unterlage für die Schnaps- und Wodka-Abteilung der Getränke bieten. Auch ein Stück Italien scheint sich nach Böhmen verirrt zu haben, dort hat der Koch das Rezept für die Trüffel-Ravioli gelernt. Ich bin Vegetarierin, habe aber, pflichtbewusst, fleischessende Verstärkung mitgebracht, die für mich die Fleisch- und Grammelknödel probieren wird, ich selbst bestelle eine Krautsuppe (die so gar nichts mit dieser verdammten Krautsuppendiät-Krautsuppe zu tun hat).

Bevor das erste Gericht den Tisch erreicht, kommt jedoch der Brotkorb. Auch wenn ich nicht weiß, wie böhmische Wolken schmecken, wage ich die Vermutung anzustellen: wie das selbst gebackene Weißbrot im Nordpol. Das Weißbrot ist auch fast so groß (wie die Wolken). Die Wostok-Limonade, die bei näherer Betrachtung eher nicht in Russland, sondern in einem Berliner Hipster-Bezirk hergestellt zu werden scheint, schmeckt wie russischer Almdudler oder *Captain Morgan* mit Cola und Zitrone, auf dem Etikett hinten steht etwas von Sellerie-Aroma. Na dann, prost Sellerie. Das dunkle Ježek schmeckt zuerst nach nicht viel, dann nach Malz – sehr angenehm. Die Krautsuppe wird für mich von den eigentlich inkludierten Selchwürsten befreit, serviert, enthält aber immer noch Sauerrahm, Sauerkraut und gekochte Kartoffel. Die fleischessende Verstärkung vergibt Höchstnoten an die auf Sauerkrautbett servierten Fleisch- und Grammelknödel.

Über das mehrmalige eingehende Studium der Speise- und Getränkekarte ist mir irgendwie temporär die nette Kellnerin abhanden gekommen, kurzerhand wird der asiatisch aussehende Kellner des Nebentisches gekapert. (Ein Nachfahre von Attila, dem Hunnenkönig? Fragt der Alkohol, jetzt, im Nachhinein.) Nach dem Teller Suppe und zwei Drittel der riesigen Weißbrotscheibe muss der Magen mit Wodka auf die Nachspeise vorbereitet werden. Der polnische Wodka heißt Belvedere und soll unter anderem Ingwer, Ginseng und Eukalyptus enthalten. Zwischendurch Gespräche über alles, von der eigenen alltäglichen Paranoia bis zur künstlerischen Weltbeherrschung – man muss doch Ziele haben im Leben. Ich, die eigentlich nie Wodka trinkt, konsumiere pflichtbewusst die klare Flüssigkeit aus dem vorbildlich eisgekühlten Glas. Oder war der Wodka so vorbildlich eisgekühlt, dass das Glas beschlagen hat?

Die Wahl der Nachspeise erfordert wieder das eingehende Studieren der Karte (Mindeststudienzeit bereits überschritten, zwei Mal wäre mir die Karte mittlerweile fast abserviert worden). Die Wahl fällt auf Liwanzen mit Rahm, Powidl und Zucker. In diesem Dessert ist wieder genug Fett als Ausgleich zum vorher konsumierten Alkohol, vielleicht sogar ein bisschen mehr, darum muss wiederum etwas Alkohol als Digestif nachgelegt werden, und diesmal lande ich einen Volltreffer. Der Getränkekönig des Abends wird die *Beton* genannte Kreation aus Karlsbader Becher (besser bekannt als *Becherovka*) und

Tonic Water, serviert im Longdrinkglas mit vielen Eiswürfeln und einer Zitronenscheibe. Ich koste pflichtbewusst und befinde: *Beton* schmeckt wie bittere Weihnachten. *Beton* tritt dem *Hugo* in den Arsch. *Beton* ist ein flüssiges, politisch korrektes Statement, ein Getränk mit proletarischen Wurzeln, eines für Wutbürger und solche, die es werden wollen. *Beton* ... und so weiter.

Ich lasse das kleine bisschen solidarisch aufkeimende Wutbürgerinnenwut (absolut angebracht an diesem Ort, bedenkt man die Nachbarschaft des Lokals zu der *Roten Meile* der Nordwestbahnstraße) mit Hilfe des Strohhalms an der Zitronenscheibe aus. Ich bin entspannt. Ich mache mir eine gedankliche Notiz, dass die Lokaldekoration im Bericht unbedingt ausführlich gewürdigt werden muss: Marilyn Monroe, Zeichnungen aus Gugging, Alkohol, mehr Gartenzwerge, dick gerahmte Ölgemälde, Alkohol, Stoffblumen ... Die Musik stört die Gespräche der Gäste, meist Menschen mittleren Alters, wenig bis gar nicht. (Außer die CD bleibt wieder einmal hängen.) Man fühlt sich wohl. Die Bitterkeit im Mund kommt hier von den Getränken und von nichts sonst. Ich bleibe noch ein wenig.

»Das Phil liegt im Herzen Wiens und trotzdem in der weiten Welt.«

Phil

David Pfister

Adresse: **Gumpendorfer Straße 10–12, 1060 Wien**
Öffnungszeiten: **Mo 17–1 h, Di-So 9–1 h**
Speisen: **Falafel und andere leckere Snacks**
Rauchen: **draußen**
Charmefaktor: **Chrsitian Schädel nebst Gattin**
WC-Situation: **gut! In Hongkong gilt's als Wohnung**
Song zum Lokal: **Depeche Mode, People are People**
Wer das mag, mag auch: **Tanzcafé Jenseits, 1060**

Lukas entschied sich für eine Lucky Strike. Im Phil verkaufen sie die Zigaretten nämlich einzeln. Um 40 Cent das Stück. Lukas wählte Lucky Strike, weil er die von seinem Opa kannte. Es sollte die erste Zigarette in seinem Leben sein. Lukas trieb gerne Sport, studierte irgendwas auf der TU, ernährte sich biologisch-nachhaltig, aber doch mit Fleisch, und manchmal trank er Alkohol. Aber geraucht hatte er nie.

Die Lucky Strike war die zweite schwere Entscheidung, die er sich in den letzten 30 Minuten abgerungen hatte. Die Erste war das Gin Tonic. Aber Hannah bestellte so selbstverständlich Gin Tonic, dass er einfach mithalten musste. Dabei hatte er noch vor ein paar Stunden herzlichst in sein Waschbecken erbrochen. Das war ungefähr um 11 h gewesen. *Genau wie die beiden da drüben freue ich mich auch über den generösen Anteil an Alkohol im Gin Tonic. Dazu esse ich mit hohem Tempo Falafel. High-End-Falafel auf sehr hohem Niveau. Was ich durchaus bemerkenswert finde, denn das Phil ist eigentlich kein Restaurant im engeren Sinn, sondern stillt primär geistigen Hunger.*

Das Phil ist eine Fusion aus Wiener Kaffeehaus, Szene-Kneipe, Buchgeschäft und StudentInnen-WG im Mittelpunkt des geografischen Kreativzentrums Wiens unweit des Museumsquartiers. Die Räumlichkeiten sind hoch und alt, das Mobiliar ist elegant, aber verschlissen. Die Fensterbänke sind melancholisch staubig, der Rest des Lokals aber akkurat sauber. Und so kann man sich zwischen einer stilsicheren Buchauswahl, von Kenneth Angers »Hollywood Babylon« bis zu Bildbänden von

Basquiat, mit Kaffee und Kuchen die Kante geben, sich relativ günstig mit gut gemixten Cocktails besaufen oder bis spät nachts Hunger stillen. Er wurde von ihrer SMS geweckt. Eigentlich eine Angelegenheit zur Freude und er freute sich auch wie wahnsinnig; sonst würde er sich nicht gerade so eine Hölle aus Gift und Galle antun und möglichst flach atmen, damit die Übelkeit nicht überhand nahm. Schweren Herzens ließ er sich also Feuer geben und versuchte zu rauchen. Es gelang ihm sogar einigermaßen, fand er, und nichts auf der Welt interessierte ihn mehr, als ob sie bemerken würde, dass er keine Ahnung hatte, wie man eine Zigarette artgerecht rauchen muss.

Nun könnte man meinen, Lukas sei ein manipulativer Mensch, der sich, um sein Ziel zu erreichen, auch wirklich jede Trickserei erlauben würde. Aber so war es nicht. Natürlich hatte er das Phil aus geografisch-strategischen Gründen gewählt. Seine Wohnung war nur ein paar Meter von der Gumpendorfer Straße entfernt. Und auch wenn er verkatert wie am ersten Jänner war, so war er doch frisch geduscht und hatte sein Zentralnervensystem so weit unter Kontrolle gebracht, dass er es sich zutraute, sie auf einen Sprung in seine Wohnung einzuladen – falls dementsprechende Signale kämen. Lukas wollte gar nicht so dringend Sex mit ihr haben. Lukas war aufrichtig verknallt. Die gestrige Knutscherei hatte jegliche sexuelle Spannung, wie sie junge Männer Stunde um Stunde in sich tragen, aufgelöst. Er wollte Hannah einen Palast aus Marmorkuchen bauen und bedauerte, seine Jungfräulichkeit schon so früh verschwendet zu haben. Er würde Hannah niemals, nicht einmal mit Masturbation, betrügen. Er war gestern zum gläubigen Adepten der romantischen Monogamie geworden. Eigentlich war Lukas nicht verknallt, sondern volles Geschäft verliebt! Und was er in diesem Moment am meisten auf der Welt wollte, war ihr ein gutes Gefühl zu geben. Deshalb das Mitziehen in Sachen Tabak und Alkohol. Er wollte nur deshalb nicht abstinent bleiben, damit sich Hannah wohl fühlte. Hannah sollte sich, um Gottes willen, beim ihm wohl in ihrer Haut fühlen!

Aber all diese Pläne und Überlegungen schienen traurig zu zerfallen. Das Gin Tonic war von kräftiger Natur eingeschenkt und die Zigarette stimulierte zusätzlich seinen Magen-Darm-Bereich. Sie musste sein Gezappel doch bemerken! Er wurde von einem gewaltigen Sturm körperlichen Unbehagens erschüttert. In diesem Moment gab Lukas das »Projekt Hannah« auf. Er würde jetzt auf die Toilette gehen, gleichzeitig koten und erbrechen, und sich danach freundlich entschuldigen und ihr auch beichten, dass er Nichtraucher sei. Lukas schob mit ungelenken Bewegungen seinen Sessel auf die Seite und stand wankend auf. »Du, ich komm gleich«.

Wien steht der österreichischen Bevölkerung aus den Bundesländern und ihrer Idee von Wien skeptisch gegenüber. Denn ein Wiener würde eher einen Franzosen nach dem Weg fragen, als sich vor einem Burgenländer die Blöße zu geben.

Das Phil ist das Wien, wie es sich zugezogene StundentInnen vorstellen. Das Phil liegt im Herzen Wiens und trotzdem in der weiten Welt. Aus der Perspektive der Wiener ist das Phil so etwas wie das Willy-Wonka-Land oder eine fleischgewordene Welt der Amelie. Deshalb sind authentische Kaffeehausbesuche in Wien, beispielsweise auf der Brünner Straße, oftmals nur ein eingeschränkter Genuss.

Für das akademisch angehauchte Klientel ist das Phil eine Oase. Sie haben das Phil erschaffen und so ist das Phil auch in all seiner plakativ zur Schau gestellten Lässigkeit gleichzeitig authentisch und wahr. Neigt sich der Akku vom Laptop dem Ende zu, verlässt man das W-Lan des Phil und braucht nur die Hand nach hinten zu strecken und hat mit großer Sicherheit irgendeinen William S. Burroughs oder Ian McEwan in der Hand. Die Musik, die sie im Phil spielen, ist selbstverständlich auch immer geschmackssicher. Das Phil ist ein Zufluchtsort für Leute, die 450 Euro pro Monat für ein kaltes Altbauzimmer zahlen müssen. Im Phil können sie in großartiger Atmosphäre von richtigen Tischen essen.

Gleich nachdem sie gestern mit Lukas geknutscht hatte, hatte sich Hannah schon über ihn ärgern müssen. Er hatte gemeint, sich vegetarisch zu ernähren und gleichzeitig zu rauchen sei eine Idiotie. Er war einer von denen, die den moralischen Aspekt der fleischlosen Ernährung nicht verstanden. Er sah das Ganze nur aus der gesundheitlichen Perspektive. Die war ihr eigentlich vollkommen gleichgültig. Seltsamerweise hatte sie das Gefühl, immer hübscher zu werden, je mehr sie sich treiben ließ. Völlerei allerdings ausgenommen.

Sie wurde nicht ganz schlau aus ihm. Hatte er gestern eigentlich auch schon geraucht? Als sie ihm in aller Herrgottsfrüh die SMS geschickt hatte, hatte er sich überraschend sehr rasch wieder mit ihr verabreden wollen. Sie hatte nichts dagegen gehabt, weil Lukas schon einen starken Reiz auf sie ausgeübt hatte, aber aus dem Bett zu kommen, war heute richtiggehend eine Aufgabe gewesen.

Da sich Lukas gestern als äußerst trinkfest erwiesen hatte, war sie, sobald die Verabredung im Phil ausgemacht war, aufs Klo gegangen und hatte sich Zeige- und Mittelfinger bis zum Anschlag in den Hals gesteckt. Das war kein bulimisches Erbrechen gewesen, es war ein gewissenhaftes vorausdenkendes Erbrechen. Und wie war sie froh darüber! Das momentane Gin Tonic war zwar nicht gerade Balsam für ihren Bauch, aber es verstärkte wenigstens die Wirkung der zwei Thomapyrin.

Auf Thomapyrin war sie erst gekommen, als sie nach Wien gezogen war. In Köln behandelte sie ihren Kater mit Aspirin und Honig. Am besten noch vor dem Einschlafen. Sie hatte dieses Ritual der brausenden und prickelnden Selbstmedikation vor dem betrunkenen Zubettgehen sehr gerne gehabt. Wie eine Alchemistin hatte sie sich dabei immer gefühlt. Aber eigentlich verstärkte das Aspirin ihr latentes Sodbrennen. Deshalb jetzt also die Thomapyrin-Schiene. Ihr war mulmig zumute. Wegen Lukas. Der schien über schier unendliche Kräfte zu verfügen. Ein als Biobauernsohn getarnter, hübscher Predator. Kurz überlegte sie, ob Lukas vielleicht aufs Klo was ziehen gegangen war. Aber das glaubte sie nicht.

phil

»Das Phil liegt im Herzen Wiens und trotzdem in der weiten Welt.«

Rhiz

Sebastian Fasthuber

Adresse: **U-Bahnbogen 37**	Charmefaktor: **urban, sophisticated**
Öffnungszeiten: **Mo–So 18–4 h**	WC-Situation: **1 + 1 = 2**
Speisen: **Knabberspaß**	Song zum Lokal: **Sonic Youth, Superstar**
Rauchen: **im 1. Raum**	Wer das mag, mag auch: **Elektro Gönner, 1060**

Ich trinke eigentlich kaum Alkohol. Wenn mir jedoch in Wien nach Trinken in Gesellschaft ist, dann gehe ich am liebsten ins Rhiz. Mit Tacos Version von »Puttin' on the Ritz« im Ohr ließe sich lakonisch »Geh' i halt ins Rhiz« reimen. Es liegt wahrscheinlich vor allem daran, dass ich ein Gewohnheitsmensch bin und immer schon gern im Rhiz getrunken habe. In gar nicht so grauer Vorzeit durfte ich in dem Lokal regelmäßig laute Musik auflegen, und weil Auflegen ohne zu rauchen entgegen anders lautender Vorurteile zwar sehr wohl, Auflegen ohne zu trinken jedoch überhaupt nicht geht, verknüpfe ich mit dem gemeinhin als Elektronikschuppen bekannten Rhiz – eine unzulässige Verkürzung, es gibt hier längst auch existenziellen Schmuseballaden und vielen anderen musikalischen Phänomenen mehr gewidmete Themenabende – einige schöne Trinkerinnerungen.

Wenn ich mich arg ins Zeug gelegt habe und die Ausdruckstänzer es nicht mehr auf ihren Hintern aushielten, wurde mir sogar manch Cock/tail angetragen, damals. Sechs, sieben, acht weiße Spritzer haben über den Abend verteilt in der Regel aber auch ihre Funktion erfüllt.

Der letzte Rhiz-Besuch liegt ein halbes Jahr zurück, als ich Anfang September 2012 U-Bahnbogen 37 ansteuere. Erster Eindruck: Sehr gewohnt, ja, fast wie immer, angenehm. Mir ist immer noch mindestens eine Dienst verrichtende Kellnerin vertraut (sie wissen sogar noch meinen Namen, es wird sogleich eine Stricherlliste auf diesen angelegt – das erwärmt das Herz!); der Kollege Fritz Ostermayer sitzt in launiger

Runde sicher schon etwas länger vorm Lokal (und wird an diesem Abend, wenn ich mich recht erinnere, noch den denkwürdigen Satz »Laibach sind die Roxy Music des Politischen« äußern); die famose »Ausgehen«-Autorin Barbi Markovic erzählt vom Blues, der sie als Stadtschreiberin im fernen Graz befiel; der Kollege Philipp L'Heritier zieht mich damit auf, dass er Bands, die ich erst bei ihrem zweiten Album für mich entdeckt habe, natürlich längst schon wieder uninteressant findet (gibt aber auf der anderen Seite zu, sich kaum mehr Vinyl zu kaufen – Philipp, du musst dein Leben ändern …); »Presse«-Kulturchef Thomas Kramar steht plötzlich da und singt ein Loblied auf das neue Bob-Dylan-Album; und Ex-»Falter«-Kollege Bernhard Kern, der an dem Abend auflegt, spielt von einem Kuschelrocksampler großen Kitsch ab: »Tell it like it i-is …«. Sonst bekomme ich Don Johnson nur auf Radio Wien zu hören. Ich darf Kern die Orgel im zweiten Refrain vorsingen und fühle mich zu Hause.

Nun ist der Eindruck einer gewissen Rührseligkeit meinerseits entstanden, und warum nicht? Selbst wenn ich zwischenzeitlich einmal zwei Jahre nicht im Rhiz gewesen bin, fühlt es sich beim Hinkommen immer noch ein bisschen wie Heimat an, und das schon, wenn ich das Lokal erst über den Schanigarten ansteuere. Das Schöne ist, dass mehr Menschen zum Rhiz ein stammbeislhaftes Verhältnis haben und die Szenerie auf den seltenen Gast deshalb bisweilen wie unverändert wirkt. Gut, früher waren zwei Surfstationen vorhanden, jetzt nur mehr eine, aber heute hat sowieso fast jeder immer ein computerähnliches Gerät bei sich. Und, ebenfalls gut: Neue, junge Leute kommen auch immer wieder dazu, schon allein deshalb, weil hier immer noch der beste Ort ist, um als Band oder DJ seine verrückte Musik auszuprobieren.

Da es sich hier um ein Trinkbuch handelt, sollte ich genauer über den Alkohol im Rhiz berichten (denn das ist es wohl, was Verlegerinnen, die von der Frankfurter Buchmesse als »Alkohol- und Buchmesse« sprechen, von einem Trinkbuch-Beitrag erwarten). Also, ganz allgemein gesprochen: Meiner Erfahrung nach trinkt es sich im Rhiz sehr gut. Das hängt wohl auch mit den gereichten Alkoholika zusammen, vor allem aber mit der Atmosphäre, die mancher ein wenig kalt und nüchtern finden mag, ich aber als genau richtig empfinde. Jedenfalls neige ich dazu, im Rhiz recht zügig zu trinken, zügiger als sonst üblich. Ich habe jetzt nicht auf die Uhr geschaut, aber die ersten zwei, drei Spritzer sind sich locker in einer Stunde ausgegangen. Das hängt damit zusammen, dass die Temperatur passt (kalt, nicht zu kalt), die Kohlensäure nicht zu dominant ist und der Wein – ja, was kann ich über den verwendeten Wein sagen? Als Spritzer-Trinker habe ich viele Spritzer gekostet und natürlich auch ausgetrunken, um endlich ein Geständnis anzubringen. Darunter waren einige gute, viele durchschnittliche und ein paar sehr geschmacksoriginelle. Der Rhiz-Spritzer ist, würde ich sagen, im oberen Drittel der durchschnittlichen anzusiedeln, also geschmacklich völlig unauffällig. Er schmeckt, aber ich könnte nicht sagen, wie. Vielleicht mag ich ihn aus dem Grund so gern: Er macht sich nicht unnötig wichtig, aber er macht einen langsam zuverlässig betrunken.

»Ich bring euch alle in die erste Reihe, hängt's euch nur an mich!«

Schikaneder

Metka Wakounig

Adresse: **Margaretenstraße 24, 1040 Wien**	Charmefaktor: **kuschlig-düster bis derb**
Öffnungszeiten: **Mo-So 18-4 h**	WC-Situation: **gemein beleuchtet, gern papierfrei**
Speisen: **Hallenbadsnacks**	Song zum Lokal: **David Hasselhoff, Limbo Dance**
Rauchen: **ja**	Wer das mag, mag auch: **Top Kino-Bar, 1060 Wien**

Der Duden freut sich nicht über den inkorrekten Artikel, den ich in meinem Alkoholdusel dem Wort »Schikane« zukommen lasse. Mein Gehirn und mein Gemüt finden das Wortspiel jedoch äußerst gelungen, ich kichere in mich hinein, weil ich es trotz bereits konsumierter Getränke geschafft habe, den Namen des Lokals, das zu betreten ich soeben im Begriff bin, in zwei Komponenten zu zersetzen und daraus einen herausragenden, man möchte fast meinen, grenzgenialen Witz zu machen. Als die Glastür hinter mir ins Schloss fällt, jagt eine weitere Eingebung durch meinen Kopf. Der Schikan-Eder. Jener Mann, der den armen Pumuckl zur Sau macht, weil dieser ihm schon wieder die Holzdübel in die Lade für Zwölfernägel gelegt oder Sägespäne in die Unterhose gestopft hat.

Ein Blick in die straßenseitig gelegene Auslage macht mich ein wenig traurig, denn dort haben sich bereits einige Personen platziert, die dem Credo »Sehen und vor allem von allen gesehen werden« frönen. Ich wollte da hin, verdammt! Nun muss ich also hinein ins Getümmel, dränge mich an einem an der Wand lehnenden und das junge Publikum beobachtenden blonden ORF-Moderator vorbei und steuere bzw. wanke auf die Theke zu.

Diese ist wieder einmal verbarrikadiert mit Gestalten, die nach getaner und erhaltener Bestellung einfach dort stehen bleiben, sich keinen Millimeter zur Seite bewegen, um nachfolgenden Durstigen die Möglichkeit zu geben, etwas Flüssiges zu ordern und sich dieses in Folge in den Körper zu stellen. Weil meine Ellbogen aber konzertgeeicht sind (*Ich bring euch alle in die erste Reihe, hängt's euch nur an mich!*), stehe ich nach zwei, drei gekonnten Moves an der Quelle, brülle »Bier!« und halte einige Augenblicke später bereits eines eben dieser köstlichen eingeflaschten Getränke in der Hand. Danach verlasse ich den Platz augenblicklich, denn wenn ich mich schon über die anderen Voll-idioten aufrege, darf ich auf keinen Fall einer von ihnen werden, zumindest nicht bewusst.

Langsamen Damenschrittes schreite ich nach hinten, in den größeren, mit Sofas gespickten Raum. Die riesige Discokugel an der Decke wirft Lichterln in V-Form an Wände und Decke, wieso V? Wieso nicht, keine Ahnung, S? Da ich wohl zu wenig über Physik und Licht und diese Dinge weiß und dieses alphabetische Phänomen somit nicht erklären kann, blicke ich lieber dem extrem langsamen, aber äußerst ansehnlichen Kellner hinterher und vergewissere mich, dass er eh zu jung für mich ist und somit aus dem Beuteraster fällt. Um also nicht über die eigenen Stielaugen zu stolpern, scanne ich diverse Sofas, eines bequemer als das andere, um dann doch wieder in den Eingangsbereich zu entschwinden. Ich mag die höhergestellte Sitzbank, sie verleiht mir etwas Erhabenes, ich fühle mich, als hätte ich den Überblick, als entginge mir nichts, nicht die kleinste Kleinigkeit. Apropos Kleinigkeit – da spielt's doch tatsächlich die *Peanuts*-Titelmelodie! Ich freu mich, endlich ist diese komische Beach-Steeldrum-Beschallung vorbei. Kommt man sich ja vor sonst wie in einem David-Hasselhoff-Video. Also proste ich mit dem Spuckschluck in Gedanken Charlie Brown zu, erhebe mich und hole mir einen Mojito.

Die Beachparty-Mucke von vorhin hatte anscheinend doch eine gewisse Wirkung, inwieweit ich manipulierbar bin, darüber nachzudenken fehlt mir jetzt allerdings die Muse. Schon möchte ich wieder auf meinen Hohes-Ross-Platz klettern, als ich zwei offensichtlich sich umschwärmende Menschen um die dreißig erspähe, die sich einfach dort hingeknallt haben, meine herumliegenden Sachen ignorierend.

Pah, Konzertellbogen ausgefahren und mir wieder Raum verschafft. Die beiden »Zufalls«-Betatscher (mehr läuft derweilen noch nicht) müssen nun, nolens volens, näher zusammenrücken, doch ich schätze, dass ich ihnen damit einen Gefallen erwiesen habe. Nennt mich Amor.

Ein bisschen weiter weg erspähe ich die andere Seite der Gefühlswelt, die finstere nämlich. Eine spanische (ich kann sie hören, denn die Frau schreit) Gothic-Tante unterhält ihr Gefolge mit irgendwelchen traurigen Geschichten, alle umstehenden Pashminaschal und schwarze Hornbrille tragenden Personen nicken betreten, wühlen niedergeschlagen in ihren über die Schulter hängenden Schulranzen und beobachten die Gothic-Chica beim Nippen an ihrer Cola (Fanta trinkt sie nicht, viel zu bunt). Passend dazu rennt auf der Leinwand überm DJ-Pult Tim Burtons letzter Griff ins Klo, *Dark Shadows*. Wo wir gerade bei Klo sind, da muss ich jetzt auch hin. Die Tür begrüßt mich gleich mit einem wirklich charmanten Sticker, FESCH! steht in sympathischen Lettern drauf. »Danke, i waaß«, denke ich überheblich und blicke in den Spiegel. Verlogener Dreckssticker. Nach diversen Bieren und Cocktails kann von fesch keine Rede mehr sein, höchstens von Fetzn. Auch gut. Und das Klopapier ist auch aus, na super.

Wieder draußen, renne ich, obwohl ich es direkt vor mir sehe, in eines der wunderschönen Sofas, fege dabei einen Aschenbecher vom Couchtisch und murmele in Richtung irgendwelcher Leute »Schuligung«. Ein wahrlich pompööser Auftritt. Keine Ahnung, wieso alle so pikiert schauen, wir sind ja hier nicht im *Plachutta*. Hauptsache, im Hintergrund laufen die Beatles und wir machen alle einen auf »Wir sind jung und fucken auf alles, denn schließlich sind wir alle soooo 68er«, aber wenn dir jemand versehentlich fast in den Schoß fällt, regst dich auf. Also Rückreise zu meiner Sitzbank angetreten, wo sich das Noch-nicht-Pärchen köstlich zu amüsieren scheint. Er bringt ihr ein Gesöff nach dem anderen, Abfüllen ist also angesagt, sie kommt mit dem Trinken offensichtlich nicht nach, da sich die vollen Bierflaschen auf der Ablage fast schon stapeln. Sie ist nervös, labert und labert, bitte sei ruhig, bitte hoit die Pappn, sei lei- … na also, jetzt schmusen sie endlich. Und wie. Ja bist du … Lehnen da halb auf mir drauf, hallo, was soll das bitte?! Ach geht's doch endlich vögeln, das ist ja nicht zum Anschauen.

Der Abend geht zur Neige, der gefühlte vierundfünfzigste Mojito auch. Einen letzten Schnaps noch, danach packe ich unauffällig die Polstermöbel ein und torkle zum nächsten Taxistand.

Kozel
BECK'S
Rothaus

»Jedes Dorf hat seinen gastronomischen Mehrzweckraum.
Niemand mag ihn, alle gehen hin.«

In der Seestadt

Marc Carnal

Portobello

Adresse: Maria-Tusch-Straße 14, 1220 Wien
Öffnungszeiten: Mo–Mi 17–21.30, Do–So 11–21.30 h
Speisen: Antipasti, Insalata, Pasta, Pizza, Pesce, Dolci
Rauchen: nein
Charmefaktor: Seestadt Aspern
WC-Situation: tadellos
Song: Bernd Begemann, Sie werden wahnsinnig …
Wer das mag, mag auch:

Öeins

Adresse: Hannah-Arendt Platz 1, 1220 Wien
Öffnungszeiten: Mo–Fr 11 bis 23 h, Sa u So 9–23 h
Speisen: solide Klassiker
Rauchen: ja
Charmefaktor: Seestadt Aspern
WC-Situation: hervorragend
Song: Tocotronic, Aber hier leben, nein danke
Wer das mag, mag auch:

»Mancher ist von Antworten so fasziniert, dass er die Fragen dazuerfindet.« Dieser Satz stammt entweder von Samuel Beckett oder Didi Kühbauer, das weiß ich leider nicht auswendig. Was ich dagegen sehr wohl noch auswendig weiß, ist die Frage, die ich mir eines Abends mit einer Freundin stellte:

Ist es eigentlich möglich, sich in der rätselhaften Seestadt Aspern ordentlich niederzubügeln? Etwas deutlicher ausgedrückt: Kann man sich in der Seestadt schön einen reinzwitschern, vernünftig die Nieren durchspülen bzw. mal so richtig die Festplatte formatieren?

Um das herauszufinden, riefen wir sogleich das Forschungsprojekt »Saufen in der Seestadt« ins Leben. Einige Wochen später schritten wir dann zur Tat.

Eines sommerlichen Samstagabends fuhren wir die schätzungsweise drei Millionen U-Bahn-Stationen in die ominöse Trabantenstadt im Norden Wiens. Wir nutzten die lange Fahrt, um uns die Ankunft bei der U2-Endstation auszumalen. Wie würde uns die unheimliche XXL-Siedlung wohl begrüßen? Würden uns Hula tanzende Seestädterinnen mit Algen im Haar sogleich in einen Kokon der Nachhaltigkeit einweben? Würde uns ein penibelst durchgegendertes E-Bike-Geschwader zu den verheißungsvollsten Ecken des Feelgood-Satellitendorfs geleiten? Oder würden Tumbleweeds durch eine gruselig leere U-Bahn-Station rollen?

Letzteres war der Fall!

Nach der mühseligen Umwanderung des Teichs (Tipp: Nicht den Ausgang »Seepromenade« nehmen!) machten wir uns auf die Suche nach einer geeigneten Tankstelle. Mit »Tankstelle« meine ich natürlich »Lokal«! Nach einer *echten* Tankstelle hätten wir lange gesucht, Autos sind in der Seestadt offenbar eine Rarität, man setzt vielmehr auf nachhaltige (Gehen, Radfahren, Bus) oder doofe Fortbewegungsmethoden (Tretroller, Segways).

Kurz irrten wir durch menschenleere und verstörend saubere Straßen, bis wir jene beiden Lokale fanden, die das Monopol der Seestadt-Bewirtung innehaben: das Restaurant Portobello (der Italiener) und das ÖEINS (das andere).

Wir entschieden uns für das ÖEINS, bestellten Bier und leiteten somit die heiße Phase des Projekts »Saufen in der Seestadt« ein. Dann bestellten wir ein weiteres Bier und dann noch eins und dann Cocktails.

Achtung, Spoiler-Alarm! Meine Trinkkollegin und ich waren erfolgreich! Zur Sperrstunde wankten wir mit einem anständigen Fetzen nach Hause. Es wäre diesem Text dramaturgisch nicht dienlich, Spannung unnötiger Natur aufzubauen und Druckerschwärze zu verschwenden, indem ich nun chronologisch sämtliche Drinks anführe, die wir uns reinstellten. Auch die gastronomischen Skills der beiden Wirte sind weder Hymnen noch Verrisse wert. Man kann hüben wie drüben ganz passabel essen und bekommt auch alles, was die Leber begehrt.

Statt den genauen Verlauf unserer Trink-Studie zu beschreiben oder unsere angeregte Unterhaltung zu transkribieren, möchte ich mich vielmehr in so manchen Leser hineinversetzen, der sich zusehends grämt, weil er dieses Buch in der Hoffnung auf gastronomische Geheimtipps aufgeschlagen hat und das Experiment »Saufen in der Seestadt« bisher zu Recht nicht besonders nachahmenswert findet. Würde es sich hierbei um einen Online-Text mit Forum handeln, hätte ein Troll wahrscheinlich schon darunter gepostet:

ey was soll der scheiß??!!?? alter ich hab mir das gekauft für empfehlungen von gute lokale und dann schreibt dieser SPAST irgednwas von fade lokale irgendwo am arsch??!! ich werde dieses buchh morgen UMTAUSCHEN!!1!!! ihr könnt mich mal echt

Lieber Troll, ich will dich beruhigen! Ich empfehle hiermit nämlich sehr wohl, meinen Ausflug in die Seestadt an einem sommerlichen Tag nachzuahmen. In kaum einem Grätzl lässt sich Wien nämlich besser schöntrinken als im fernen Aspern!

Denn: Sitzt man am Hannah-Arendt-Platz mit einem kühlen Getränk in der Abendsonne, ist man binnen weniger Wimpernschläge von einem sehr vertrauten Gefühl durchdrungen: Man glaubt, auf Urlaub zu sein.

Geschuldet ist das der Seestadt-Atmo. Die apathisch auf cleanen Straßen dahintrottenden Bewohner, der Kinder- statt Verkehrslärm und der Blick auf einander bedrohlich ähnelnde Beton-Architekturverbrechen erzeugen eine Stimmung zwischen Truman Show und Mittelmeer-Resort in der Nebensaison. *Echte* Urlaubsstimmung kommt schließlich erst durch eine deftige Trostlosigkeits-Watschen auf. Urlaub bedeutet in Wahrheit: unerfüllte Sehnsucht, bedrückende Ereignislosigkeit und Nervenkrieg ohne Meerblick.

Meine Begleitung und ich fühlten uns im ÖEINS-Gastgarten wie auf einer zu spät gebuchten Kompromiss-Reise, an deren erstem Tag man schweigend in einem schwach frequentierten Restaurant landestypische Spezialitäten kaut, während beide denken, was sie niemals aussprechen würden: »Ist das *entsetzlich* hier! Und das *eine ganze Woche*!« Ein schaurig-schönes, erfrischend-bedrückendes Gefühl, generiert von einem Stadtteil, der zur Gänze dem Fiebertraum eines größenwahnsinnigen All-inclusive-Anbieters entsprungen scheint.

Und als der Wirt »den Garten zusperren« und wir ins ÖEINS-Lokalinnere mussten, reisten wir in Gedanken gleich weiter. Jetzt waren wir plötzlich nicht mehr in Antalya, sondern auf Heimaturlaub!

Wer am Land aufgewachsen ist, kennt es: das *eine* Lokal. Dieses verfluchte eine Lokal, das halt etwas länger offen hat als der Postwirt. Es ist meistens ein *Worst of* aus Café, Pizzeria und Disco. Architektonisch, farblich, musikalisch und lukullisch auf ganzer Linie 1998 – gelbe Wände featuring rote Ziegelmauern, Alu-Barhocker, Wodka Bull, Tortenvitrine, Radiomusik. Schmusen, tanzen, schlägern, schweigen, alles muss, nichts geht. Jedes Dorf hat seinen gastronomischen Mehrzweckraum. Niemand mag ihn, alle gehen hin.

Mit diesem Vergleich möchte ich das ÖEINS keinesfalls dissen. Es ist nüchtern betrachtet bestimmt spitze. Ich rekonstruiere nur unsere beschwipsten Assoziationen, mit denen wir die Seestadt leichten Herzens wieder verließen. Man soll schließlich gehen, wenn es am schönsten ist. Oder wenn der Wirt zusperren will. Und man sollte Texte beenden, wenn es nicht mehr zu sagen gibt, außer:

Das Jahrhundertprojekt »Saufen in der Seestadt« sei hiermit als exklusives Trinkabenteuer mit atemberaubend Wien-untypischem Flair empfohlen. – Und als Meisterprüfung in der Disziplin »schöntrinken«, denn das hat die Seestadt bitter nötig.

»Der Trzesniewski, so heißt es, habe den Pfiff erfunden.«

Trzesniewski

Manfred Gram

Adresse: Dorotheergasse 1, 1010 Wien
Öffnungszeiten: Mo-Fr 8.30-19.30 h, Sa 9-17 h
Speisen: die unaussprechlich guten Brötchen
Rauchen: nein, sonst riechen die guten Brote
Charmefaktor: monumental wie Tex Rubinowitz
WC-Situation: ok
Song zum Lokal: Scarlett Johansson, Falling Down
Wer das mag, mag auch: Café Aida

Zum richtigen Saufen gehört am nächsten Tag ein richtiger Kater. Leider. Beschreibungen könnte ich jetzt eigentlich aussparen. Jeder, der diesbezüglich schon Erfahrungen gemacht hat, wird nicht unbedingt gerne daran erinnert, dass es Phasen im Leben gibt, in denen aus der Mundhöhle ein Odem dringt, der einen glauben macht, im Schlaf an toten Mäusen gelutscht zu haben. Oder, dass im Magen ein Orchester angesiedelt ist, das seine Instrumente nicht beherrscht, dafür aber Klänge mit beißenden, unmenschlichen Düften untermalt. Oder dass das Gehirn eine gehässige Sau sein kann, wenn es überfordert wird. Selten erinnert man sich nämlich an alles, was im Suff so geschehen und gesagt worden ist. Das kann manchmal peinlich werden.

Wobei, das Vergessen, das Verdrängen und die Schönfärbereien bei der Rekonstruktion des in der Nacht Erlebten haben oft auch ihr Gutes. Ein kleiner Filmriss dient immer auch einer höheren Wahrheit und macht auf zwischenmenschlicher Ebene ein vernünftiges Weiterleben möglich. Man interpretiert es dann allzu gerne als gerechte Strafe, wenn am Morgen nach dem Exzess synchron aus drei Körperöffnungen ausgeschieden wird.

Ist es wieder einmal so weit, heißt es, das Beste aus der misslichen Lage zu machen. Mit Bedacht aber, denn ein Kater ist, wie Katzen eben so sind, ein sehr, sehr, launischer Hund. Passt etwas nicht, wird gefaucht, gekratzt oder protestgebrunzt.

Uneingeschränkt für die Katerpflege zu empfehlen, ist der Trzesniewski. Seit über 100 Jahren gibt es die Wiener Brötcheninstitution bereits und ebenso lange führt der Eiaufstrich dort ein strenges Regiment. Der ist die Mutter von fast allem, was in der Kühlvitrine feilgeboten wird und hauptverantwortlich dafür, dass in der Trzesniewski-Welt Begriffe wie Cholesterinspiegel, freie Radikale oder Omega-3-Fettsäuren einfach noch nicht eingedrungen sind. Kein Detox-Nazi setzt einen Fuß in diese üble Gegend. Das trifft sich ausgezeichnet, denn der geübte Trinker weiß, dass mit Spezereien wie Ei mit Ei, Speck mit Ei, Krabbe mit Ei, Salami mit Ei, Gurke mit Ei, Pikantes Ei, Thunfisch mit Ei sich grandios Kater vertreiben lassen.

Bei mir funktioniert vorzüglich die Kombination aus Ei mit Ei, Matjes mit Zwiebeln und Pfefferoni. Ei mit Ei beruhigt den Magen. Matjes mit Zwiebel (natürlich ist auch da Ei dabei) bringt die Mundflora wieder ins Gleichgewicht, und der Pfefferoniaufstrich watscht einen munter. Das ist der lukullische Geschmacks-Soundtrack zum Wiederaufbau. Sollte das alles nichts helfen, muss man einen Pfiff Bier nachspülen. Das ist im Vergleich zu dem, was am Vortag konsumierte wurde, die lächerliche Menge von 0,125 Liter. Ein Achterl. Auf den Liter hochgerechnet, entspricht diese aberwitzige Menge nicht einmal der Getränkemehrwertsteuer von 20 Prozent. Läppisch.

Der Trzesniewski, so heißt es, habe den Pfiff erfunden. Das stimmt zwar nicht, die Maßeinheit gibt es schon länger als 111 Jahre, aber es ist auch nicht so wichtig. Erwähnenswerter ist vielmehr, dass einen beim Trzesniewski niemand deppert anschaut, wenn man sich um neun oder zehn Uhr vormittags einen dieser herzigen, kleinen Bierwichtel reinpfeift. Die Damen hinter der Theke nicht und die anderen Vormittagsgäste schon gar nicht. Die wissen nämlich, was sich gehört und sind nicht selten stolze Träger von Gesichtern, die nur Alkohol und Nikotin zu schnitzen imstande waren.

Trzesniewski-Filialen sind geschickt über die ganze Stadt verstreut. Säufer gibt es halt überall. Ein optimales Wirkungsergebnis bei den Aufräumarbeiten nächtlicher Kollateralschäden erzielt man aber nur im Stammhaus. Das findet sich, nicht sonderlich gut versteckt, in einer Seitengasse in der Innenstadt. Dorotheergasse, vis-à-vis vom Café Hawelka. Es ist ein Monument an Nostalgie und Tradition. Hier ist noch vieles original. Wer Sinn für Architektur hat, kann das Entrée mit seinen Reliefplatten bewundern. Die hohen Stahlfenster, den alten Steinboden. Oder die dunklen Holzvertäfelungen an den Wänden, die allem die morbide Erhabenheit eines edlen Sarges verleihen. Ein Eindruck, der wohl auch entsteht, da die Zeit stillzustehen scheint. Und das ist genau, was man nach durchzechten Nächten braucht, um sich wieder zu sammeln und eine gewisse innere Grundordnung herzustellen. Lässt nämlich der physische Schmerz langsam nach, schleicht sich auf leisen Tatzen ein Emotionsmix aus Reue, Gewissensbissen und Betrübtheit an. Dann ist jede Sekunde, die verrinnt, ein Geschenk.

Zu überprüfen ist das auch an der Uhr, die im Geschäftslokal direkt in die Wand eingebaut ist. Die ist ein Ereignis. Anstelle von Ziffern hat man einfach den Familiennamen aufs alte Gemäuer geschraubt. T = 12, R = 1, Z = 2, E = 3, S= 4, N = 5, I = 6, E = 7, W = 8, S = 9, K = 10, I = 11. Ein Stunden- und ein Minutenzeiger sind auch dabei. Ich starre oft minutenlang drauf. Als Konzentrationsübung versuche ich Familiennamen zu finden, die ebenfalls aus 12 Buchstaben bestehen. Einzige Prämisse dabei: Ich muss sie korrekt aussprechen können. Das ist harte Arbeit, aber es geht. Rockenschaub. Schittenhelm. Schrittesser. Lichtenegger. Deutschbauer. Mitterbacher. Weixelbaumer. Bogensperger. Unterleitner. Kirchsteiger. Ich bin übrigens oft beim Trzesniewski und hab mittlerweile schon eine recht ordentliche Liste an Namen beisammen.

Einmal stellte ich mir in so einer Gemütslage die Aufgabe, rauszufinden, was Trzesniewski denn wohl zu bedeuten hat. Derartige Vorhaben verwerfe ich aber schnell. Ich recherchiere nicht besonders gern und versuche mich davor zu drücken wie nur irgendwas. Oft schäme ich mich deshalb. Ein Journalist, der nicht recherchieren mag, ist ja wie ein Lehrer, der seine Schüler hasst. Diesmal hielt ich durch, einen Anruf beim polnischen Kulturinstitut schaffe ich schon. Die Silbe *-ski* am Namensende ist vergleichbar mit dem *-er* im Deutschen, hieß es. Das hab ich mir fast schon selbst gedacht. Und */Trzesnia/* bedeutet die Vogelkirsche. Das wusste ich nicht. Das reichte mir an und für sich schon. Aber die nette Dame wollte mehr. Sie rief mich später sogar nochmals an und erzählte, dass es in Südpolen eine Ortschaft gibt, die Trzesn heißt und im polnischen Telefonbuch der Name Trzesniewski 654 Mal verzeichnet ist. Vor allem im Raum Warschau kommt er gehäuft vor.

Ich bin oft beim Trzesniewski, das hab ich ja schon gesagt. Aber, das ist mir wichtig festzuhalten, nicht weil ich übertrieben viel Alkohol in mich reinkippe. Ich weiß, das hier ist kein Bewerbungsschreiben, aber es wäre mir sehr unangenehm, wenn der Eindruck entstünde, ich söffe wie ein Loch. Das mit der Recherchefaulheit stört mich weniger. Faulheit ist ja nicht Unfähigkeit, sondern nur ein natürlicher Mechanismus zur Ressourcenschonung. Das hat die Natur so eingerichtet. Ich hab' etwa kaum Mitleid mit diesen ganzen Burnout-Trotteln. Und sollte mich jemand einmal diesbezüglich blöd angehen, kann ich immer irgendwas kontern. Zum Beispiel: »Wussten Sie, dass der Trzesniewski im Jahr zwei Millionen Eier zu Aufstrich verarbeitet? Leider nicht bio, sonst wäre der Preis pro Brötchen plötzlich ein gesalzener, aber doch österreichische Bodenhaltung.« Und wenn dann noch immer nicht Ruhe herrscht, kann ich ja rausschnalzen, dass an guten Tagen bis zu 1.500 kg Aufstrich frisch produziert werden und gute Tage für Trzesniewski vorwiegend in der kälteren Jahreszeit auszumachen sind.

Dass ich so oft beim Trzesniewski sitze, hat also einen anderen Grund. In irgendeinem Hochsommer in den letzten Jahren, habe ich nämlich in einem dieser zahlreich herumfliegenden Gratisblätter gelesen, Scarlett Johansson wäre beim Trzesniewski eingekehrt. Zwischen Wortkreationen wie »Hollywoodsuperststar«, »Top-Schauspielerin«, »Sexy-Actrice« fanden sich in der Meldung auch wertvolle Informationen wie »zehn Uhr Vormittag«, »Donnerstag«, »Trzesniewski«. Man muss wissen, ich verfolge die Karriere von Scarlett schon lange und pflege in Beziehungen stets die Scarlett-Klausel reinzureglementieren. Dies zu erklären, führte nun zu weit. Nur so viel: Scarlett. Ich. Sex. Kein Seitensprung. Ebenso schwierig, meine Beweggründe zu erzählen, warum ich nie nachrecherchiert habe, was die Kollegen in ihr Gratisblattl zum Abdruck gebracht haben. Ich weiß nicht, ob sie dort war.

Drauf gepfiffen.

»Bewirtungstempo eher adagio.«

Weinhaus Sittl

Austrofred

Adresse: **Lerchenfelder Gürtel 51, 1160 Wien**
Öffnungszeiten: **Mo-Di Fr-So 11-23, Do 17.30-23 h**
Speisen: **Preiswerte Hausmannskost**
Rauchen: **Jawoll**
Charmefaktor: **Enorm, plus Gastgarten**
WC-Situation: **recht kühl**
Song zum Lokal: **Kreisky, Selbe Stadt, anderer Planet**
Wer das mag, mag auch: **Gasthaus Müller, 1170**

Zugegeben: Vor dieser Gastro-Kritik war ich ewig schon nicht mehr im Weinhaus Sittl, sicher fünf Jahre nicht. Trotzdem habe ich es, speziell wegen des erstklassigen Zwiebelrostratens, immer in bester Erinnerung gehabt. Wenn mich wer gefragt hat, habe ich immer gesagt, im Sittl haben sie den besten Zwiebelrostbraten von Wien und also von der ganzen Welt, weil woanders kannst du einen Zwiebelrostbraten sowieso nicht fressen.

Leider komme ich bei meinem Comeback heute aber schnell in eine ungute Stimmung, weil es mit der Kellnerei gar so lange dauert. Bewirtungstempo eher adagio. Fast wollte ich schon in die Küche gehen und mir die Zwiebelgarnitur selber herausprasseln. Ich bin dann aber draufgekommen, dass der Wirt, der, behaupte ich einmal, nicht mehr das jüngste Semester ist und von dem her eher kein D-Zug, heute alles alleine schupfen muss. Für so etwas habe ich Verständnis und ich wähle mit wohlwollender Stimme besagten Zwiebelrostbraten und ein Weißbier. Seit ich mir aus finanziellen Gründen einen Nebenwohnsitz in München halte – ich habe mir ausgerechnet, dass mir das billiger kommt als meine traditionellen drei Wochen im Bayrischen Hof zur Oktoberfestzeit –, bin ich nämlich ein vehementer Weißbierfan. Aber Vorsicht Nachahmer: Das Weißbier hat wesentlich mehr Kalorien als das normale Bier, und nur so einer wie ich, der als Bühnenkünstler seinem Körper auch einen regelmäßigen Work-out bietet, übersteht das ohne Verformungen.

Was mich anfangs noch ein bisschen anfäult, ist, dass mich die Leute alle angaffen wie einen Zirkusaffen. Aber klar: Es wäre vermessen, wenn ich glauben täte, ich kann ganz anonym in so ein Wirtshaus hineinspazieren. Gerade in Wien bin ich bekannt wie ein bunter Hund, und das ist gar nicht sprichwörtlich gemeint, sondern bezieht sich ganz konkret auf mein signalgelbes Bühnenjackerl, das im Sittl besonders auffällt, indem da herinnen sonst alle eher dunkel angezogen sind. Entweder sie tragen feinen dunkelgrünen Loden – das sind die Feinschmecker, die es aus Döbling heruntergezogen hat – oder zwischen hellschwarz und dunkelgrau changierende sogenannte Longshirts und geräumige Umschnall-Werkzeugtaschen im Hodenbereich – die Lichtler und Tontechniker aus den nahen Musiklokalen rhiz und Chelsea. Woher dieser Kleidungsstil kommt? Ich weiß es nicht. Wahrscheinlich wollen sich die Techniker durch diese Uniform von den Menschen auf der Bühne abgrenzen, den Musikern und Schauspielern, die ja meistens fantasievoll und variantenreich gekleidet sind, sowie geduscht. Womit ich natürlich nichts Abfälliges gesagt haben möchte, weil genau diese Leute sind es ja, die bei einem Konzert den Rohdiamanten Austrofred durch ihr geniales Know-how erst so richtig hell erstrahlen lassen, da möchte ich es mir mit niemandem vertun.

Eine Beobachtung muss ich mir aber doch noch erlauben: Und zwar fällt mir auf, dass die im Sittl anwesenden Tontechniker nicht im Rudel beieinandersitzen, wie man vielleicht glauben könnte, an einem gemeinsamen Technikertisch, sondern es sitzt ein jeder extrig für sich. Das kommt wahrscheinlich von dem her, dass es zwar für einen Techniker das Schönste auf der Welt ist, wenn er jemand anderem einen technischen Sachverhalt genauestens erklären kann, aber was er gar nicht mag, ist, wenn ihm jemand etwas erklären will. Und von dem her stoßen sich Tontechniker untereinander ab wie die verkehrten Seiten von zwei Magneten.

Am liebsten unterhält sich der durchschnittliche Tontechniker von dem her mit einer Musikerin. Und zwar nicht aus einem sexuellen

Anbahnungswillen heraus, sondern weil er faszinierenderweise davon ausgeht, dass eine »Musikerin« sich von allen Menschen am wenigsten bei Musik auskennt und von dem her den größten Erklärungsbedarf hat. Dieses Phänomen habe ich in der Praxis schon oft beobachtet. Neben mir haben sich jetzt ein paar frisch gefangte Studentinnen niedergelassen, offensichtlich ganz neu in Wien. Wissts ihr, was Sacherwürstel sind?, fragt eine in die Runde. Na ja, eine Sachertorte ist eine Torte mit einem Schokoladenüberzug, sagt eine andere, vielleicht sind Sacherwürstel auch mit Schokolade überzogen?

So etwas kann ich mir nicht anhorchen. Señoritas, sage ich, ich sehe, ihr brauchts ein bisschen eine Aufklärung, was Würste angeht, beziehungsweise insbesondere Wurstgrößen, weil nichts anderes unterscheidet ja ein Paarl Sacherwürstel von einem normalen Paarl Frankfurter: die Größe, beziehungsweise die Länge. Es ist nämlich das Sacherwürstel gut eineinhalb Mal so lang wie das Frankfurter Würstel und von dem her also eineinhalb Mal so gut, weil auch wenn euch sicher der eine oder andere etwas anderes erzählen möchte, es kommt schon auch ein bisschen auf die Länge drauf an.

Die Studentenmädchen haben aber keinen Sinn für solche kulinarischen Feinheiten. Sie drehen ihre roten Köpfe weg und kichern. Oje, das Kicheralter! Ich sag es euch, ich bin schon sehr froh, dass ich kein Teenager mehr bin. Andererseits möchte ich auch keine achtzig sein, weil zwei Stunden zum Milchholen brauchen, das halte ich auch nicht gerade für die wünschenswerteste Lebensform. Wobei mir der Wirt im Sittl als positives Vorbild dient, weil der stellt mir jetzt schon meinen Zwiebelrostbraten vor die Nase, und das obwohl er in seinem äußerst moderaten Schritttempo dreißig Gäste zum Bedienen hat. Beeindruckkend.

Der Zwiebelrostbraten selbst, freue ich mich schreiben zu dürfen, ist übrigens genau wie ich ihn in Erinnerung gehabt habe, nämlich hervorragend, und mit 13 Euro vernünftig bepreist. Auch die Braterdäpfel sind sehr gut.

PS: Leider muss ich ergänzend anmerken, dass so ein Zwiebelrostbraten zwar eine erstklassige Unterlage ist, aber auch nicht unendlich saugfähig. Von dem her kann ich leider über den weiteren Verlauf des Abends nichts mehr berichten, außer dass ich am Heimweg – und das habe ich in den 42 Jahren meines bescheidenen Lebensweges noch überhaupt nie erlebt – teilweise rückwärts gegangen bin! Es ist einfach vom Schwung her nach vorne nichts mehr gegangen! Auch habe ich mich mehrfach am Weg niederlegen müssen. Da war ich halt dann wieder froh um meine signalgelbe Jacke, weil der Gürtel ist auch in der Nacht eine viel befahrene Straße, und da ist es natürlich gut, wenn man von den Autofahrern gleich gesehen wird.

»Das Mahl eines zum Strick verurteilten Delinquenten.«

Hermann's Würstelsalon Tex Rubinowitz

Adresse: **Parkhaus, Stiftgasse 5-9, 1070 Wien**	Charmefaktor: **Masochismus in Moll**
Öffnungszeiten: **Mo–Sa, 10–23 h**	WC-Situation: **Vorhanden**
Speisen: **Fleischabfälle im unteren Preissegment**	Song zum Lokal: **Cannibal Holocaust/ Opening Theme**
Rauchen: **Pflicht**	Wer das mag, mag auch: **Sterben**

Ist es eine gute Idee, wenn man nur mit Unbehagen Fleisch isst, weil es einfach nicht richtig ist, Fleisch zu essen, und man nur ungern Alkohol trinkt, weil er zu Kontrollverlust und Komplettverdruss führt, einen Würstelstand zu besuchen, in dem zu allem Überfluss auch noch geraucht wird, und der sich innerhalb eines Parkhauses befindet, wenn man Nichtraucher ist und noch nicht mal einen Führerschein besitzt? Man muss das versuchen, soviel Destruktions- und Depressionskomponenten bekommt man doch selten zusammen, rein aus ethnografischen und topografischen Gründen, als Expedition ins Reich der Finsternis, andererseits, schön ist die Lage ja schon, eine harsche architektonische Groteske, die es wohl kein zweites Mal in der Stadt gibt, man könnte sich den Aufenthalt ja hier in Hermann's Würstelsalon schönquälen, also rein.

In dem Holzkubus sitzen sechs Gäste, es ist nachmittags, 16 Uhr, alle rauchen, auch Wirt und Wirtin, die Würste auf der Wärmeplatte liegen da wie geschundene Kreaturen, so als sollten die Kadaver qua Wärme am Restleben erhalten werden. Ich bestelle ein Bier, eine Käsekrainer, einen öligen und einen scharfen Pfefferoni, beide grau, und eine Scheibe Brot. Das Mahl eines zum Strick verurteilten Delinquenten.

Im Radio spielen sie von Doris Day »Move Over Darling«, ich muss plötzlich weinen (»The way you sigh. Has me waving my conscience good-bye«), eine Träne tropft auf den Resopaltisch, ich verreibe sie mit dem Zeigefinger. Es gibt eine Stelle in dem Lied, die mich jahrelang irritiert hat, wenn sie nämlich die Stelle singt »You captured my heart, and now that I'm no longer free, make love to me«, es kann doch nicht sein, dass damit Liebemachen gemeint ist, wie wir es jetzt verstehen, Sex, unverblümt zur sogenannten Sache kommend, den Biber räuchern, dass so was in den Fünfzigerjahren durchgegangen wäre, gerade bei Doris Day, aber seit einiger Zeit weiß ich, dass Making Love bis 1964 eine unschuldige Bedeutung hatte, gleichbedeutend vielleicht mit Turteln, man kann die Umdeutung deswegen so genau terminieren, weil es von den Drifters eine Version deren Liedes »Under the Boardwalk« gibt, in zwei Versionen, die auf der vorher ausgekoppelten Single, noch in mono (»Under the boardwalk, we'll be making love«), was dann auf der Langspielplatte und in stereo aber ganz anders klang, nämlich so:»… we'll be falling in love«, das ist das Jahr, als die Liebe sozusagen ihre Unschuld verlor. Doris Days Lied ist von 1963, aus dem gleichnamigen Film, in dem ihr James Garner unbeabsichtigt eine Rippe brach, die Rippe der Liebe, die die Unschuld zusammengehalten hat. Als ich den Gästen hier davon zu erzählen versuche, ernte ich nur kalte Blicke, und das spöttische Entsetzen darüber, dass hier bei ihnen einer heult, wenn mal was Sentimentales im Radio kommt. Weinen kann hier niemand mehr, ihre Seelen sind hartgeraucht, und ihre Augen erschöpft.

Um die Lage zu entspannen, frage ich etwas, auch wenn ich die Reaktion vorhersagen kann, ob sie hier auch zum Beispiel etwas haben, was nicht aus Fleisch und Alkohol besteht, sie schauen mich entsetzt an, alle Gäste sowie Wirt und Wirtin, als hätte ich etwas Obszönes gemacht, Hose runtergezogen, säuerlich fragt Hermann, der Wirt mit dem Genitivapostroph, was ich meine, Mannerschnitten? Nein, Linsensalat zum Beispiel oder Pfefferminztee, ich ernte rachitisch hassvolles Gelächter.

Ich muss raus, der Rauch, der mit dem ranzigen Odeur des toten Fleischs um olfaktorische Aufmerksamkeit buhlt, die erwartbar rechte Meinungsscheiße, man kennt das ja, der übliche, folkloristische Vassilakouhass usw., das ist ihre einzige Romantik, sie weinen allenfalls aus Wut. Ich kann mich schlecht konzentrieren, auch weil mich alle anstarren, was macht der da, wer ist das, was will der hier? Für sie bin ich ein feindlicher Virus in Schuhen.

Es gibt einen Gastgarten, ungeschönt stilgerecht natürlich, mit Plastikefeu umfasst. Man sitzt neben der Zufahrtsrampe des Parkhauses, an der Wand ein aus Armierungseisen zusammengeschnittenes Fresko, ein Haus und ein Auto, herzknitternd in seiner traurigen Naivität, ich esse den Rest hier draußen auf, auch wenn ich doch noch drinnen bin, außen ist immer noch innen im Parkhaus, schlinge ihn herunter, in der Hoffnung, er möge sich an meinem Organismus seitlich vorbeischieben, ohne ihn zu kontaminieren. Die Pfefferoni schmecken, wie ich erwartet habe, nach nichts, der ölige ölt nicht, der scharfe ätzt nicht den Fehler weg, den man hier gerade zu sich genommen hat. Ich weiß, das war jetzt die letzte Käsekrainer meines Lebens.

Ich bildete mir ein, ich bräuchte jetzt eine Best-of-Doris-Day-CD, und gehe in den Saturn auf der Mariahilfer Straße, gab's natürlich nicht, unfassbar wenig Platten, die Regale so erschütternd zerrupft wie im Ostblock früher, ich bekam Mitleid, ich hätte auch etwas kaufen wollen, mich freikaufen von eben, dachte aber, nein, Musik, das geht doch nicht mehr, während über die Saalbeschallung von The Cure »Just like heaven« lief, diese melancholische Grundstimmung, gegen die ich prinzipiell nichts habe, obwohl das Muster ja immer das gleiche ist, »Show me show me show me how you do that trick, the one that makes me scream, she said«, und ich wurde gleich noch melancholischer, auch wenn und auch gerade weil natürlich hier Masturbation oder Sex generell gemeint ist, dachte ich, kann man eigentlich auf alles anwenden, wie geht der Trick, dass alle alles kaputtmachen und alles kaputtgeht, dass man schreien könnte? Und ich erinnerte mich an ein anderes Lied, an das eines Freundes, in dem er singt: »Für eine bessere Welt, in der die Frauen die Kriege alleine führen und die Männer gar nichts mehr machen müssen«.

Vielleicht gibt's ja bei den Filmen etwas, was mich anspricht, aber da auch nichts, resignativ standen die Filme da in den kariösen Regalen, in dünnen, wertlosen Hüllen, die schon so billig aussehen, dass sie bei der leisesten Berührung kaputtgehen würden, und die zu schwach sind zu schreien: »Kauf mich kauf mich kauf mich«.

Mit leeren Händen und einem Irrtum im Magen ging ich zum Frisör, als Rettung, mir die Haare schneiden zu lassen, denn sie zu waschen hätte keinen Sinn, das feindliche Odeur loszuwerden. Oft ist es einfach besser, etwas wegzunehmen, als etwas hinzuzufügen.

Was will er von uns?

Autorinnen und Autoren

MARTIN AMANSHAUSER
geb. 1968 in Salzburg, lebt in Wien und Berlin, schreibt Romane, Sachbücher und Reisetexte. Letzte Veröffentlichungen: *Der Fisch in der Streichholzschachtel* (Roman, 2015), *Typisch Reisen* (111 Geschichten, 2016), *Pedro und der Drachen* (mit Illustrationen von Judith Loske, 2016). www.amanshauser.at

© Conny Habbel

AUSTROFRED
geb. 1976 in Steyr, OÖ. Lebt und arbeitet in Wien und München. Bereits mit 16 Jahren steht der gelernte Speditionskaufmann zum ersten Mal auf einer Rockbühne. Mit seinen Austropop-Veredelungen der größten Hits der Rockgruppe Queen gelingt ihm schließlich der Durchbruch. Heute zählt Austrofred zu den wichtigsten Medienkünstlern Österreichs. Zuletzt erschienen: *Hard on!* (Roman, 2013). www.austrofred.at

MARC CARNAL
geboren 1986 in Zürich, hat mit gutem Erfolg maturiert und liest sehr gerne. Autor für FM4 und »Willkommen Österreich«, diverse humoristische Projekte mit Max Horejs. Letzte Veröffentlichung: *Unglaublich glücklich* (Roman, 2015).

FABIAN FALTIN
geb. 1980 in Wien, lebt nach Stationen in London, Paris und Berlin heute in seiner Heimatstadt und in Niederösterreich. 2010 erschien sein Roman *Gute Macht* bei Milena. Nebenher ist er ein nachgefragter Gartengestalter und wohnt bevorzugt als Housesitter in leerstehenden Villen und Landhäusern. Letzter Roman: *Sag ja zu Österreich* (2013).

SEBASTIAN FASTHUBER
geb. 1977. Studium der Vergl. Literaturwissenschaft (Dr. phil.). Arbeitet als freier Literatur- und Musikkritiker, in der Hauptsache für die Wiener Stadtzeitung Falter. Texte in Der Standard, Spex, Morgen, now!, Datum, Volltext u. v. a. Lebt in Wels und Wien.

MANFRED GRAM
lebt seit 1999 in Wien. Er schreibt fürs Wirtschaftsmagazin FORMAT und das Popkulturmagazin The Gap. Ansonsten: Mitglied der Lesebühne Dogma.Chronik.Arschtritt. und 2007, mehr zufällig als geplant, Sieger des ersten Ö-Slams. Letzter Bestseller: *Wie man hassen soll. 555 Haikus gegen alles* (2015).

ROLAND GRATZER
Der gebürtige Oststeirer führt ein spätkapitalistisches Doppelleben als Redakteur, Producer und Moderator bei Radio Ö1 und Radio FM4 (Morningshow, TOP FM4) sowie als Mitglied des Wiener Kunstkollektivs *monochrom*. Er macht mit seinem Bruder das sehr lässige Festival *KOMM.ST* zwischen Anger und Weiz, schreibt Theaterstücke ausschließlich für Gasthäuser und manchmal auch Songs.

DODO GRADISTANAC
Geboren in Belgrad, aufgewachsen in Linz, jetzt begeisterte Wienerin. Studierte Vergleichende Literaturwissenschaften (ja, das gibt es) und Germanistik – fertig.
Begann beim ORF als Moderatorin (unter anderem »Taxi Orange«) und ist dort derzeit in der Entwicklungsabteilung tätig.

Autorinnen und Autoren

©Helmut Wimmer

PETRA HARTLIEB
geb. 1967. Seit 2004 betreibt sie mit ihrem Mann die Buchhandlung Hartliebs Bücher in Wien. Letzte Veröffentlichungen: *Meine wundervolle Buchhandung* (Roman, 2014), *Tortenschlachten: Geschichten zum Geburtstag* (2015), *Ein Winter in Wien* (Roman, 2016).

MAX HOREJS
geboren 1985 in Salzburg, hat Medienkunst studiert und in seinem Leben erst ein einziges Buch gelesen. Sein eigenes. Autor für »Willkommen Österreich«, diverse humoristische Projekte mit Marc Carnal. Letzte Veröffentlichung: *Unglaublich glücklich* (Roman, 2015).

SAMIR KÖCK
geboren in Wien (Jahr unbekannt), DJ, Musikjournalist, nennt 7 Sonnenbrillen sein eigen.

MARKUS KÖHLE
geb. 1975, Redakteur der Literaturzeitschrift DUM (www.dum.at), dienstältester Poetry Slammer Österreichs, Kolumnist der Straßenzeitung 20er (Briefe aus Wien), Herausgeber u. Autor. Zahlreiche Veröffentlichungen, Stipendien und Preise. Bereits erschienen: Dorfdefektmutanten (Heimatroman, 2010), Mundpropaganda (Hg. mit Mieze Medusa, 2011), Hanno brennt (Roman, 2012).

HEIDI LIST
Jahrgang 1970, ist selbständige Autorin und Projektmanagerin für: *Servus Magazin*. Div. Kolumnen auf *www.derstandard.at*, *www.zib21.com*, *Motorradmagazin*. Drehbuchprojekte. Kolumnistin für den *Falter*. Ausserdem späte Mutter von daher viel zu kleinen Kindern.

© Pertramer

BARBARA MADER
geb. 1972 in Wien. Studium Romanistik und Vergleichende Literaturwissenschaft in Montréal und Wien. Seit 15 Jahren arbeitet sie als Journalistin, seit 10 kann sie auch davon leben, davor hat sie reichlich Gastgewerbeerfahrung erworben. Sie hat zwei erwachsene Kinder und eine alte, derrische Katze.

NINO MANDL
geb. in Wien. Ist in den Musikgruppen *Der Nino aus Wien*, *Krixi, Kraxi und die Kroxn* und *The Euphoric Flenson* aktiv. Auch bei diversen anderen Geschichten dabei.

CLEMENS »ROKKO« MARSCHALL
Herausgeber von *Rokko's Adventures*, sitzt in der Redaktion von Datum, im Studio von Ö1, in der Literaturgruppe Wortwerft und in den Combos Rokko Anal & The Coathangers sowie The Dieter von Kroll Experience. Letzte Veröffentlichung: *Avant-garde from Below* (2016).

Autorinnen und Autoren

MIEZE MEDUSA
lebt in Wien und fährt oft Zug. Aktiv als Slammerin, Rapperin, Autorin und Herausgeberin. Initiatorin von Ö-Slam (gemeinsam mit M. Köhle). Zahlreiche Auftritte und Veröffentlichungen mit der Band *mieze medusa & tenderboy*. Viele Publikationen, zuletzt: *Mia Messer* (Roman, 2012), *Alles außer grau* (Texte to go, 2016).
www.miezemedusa.com

© Philipp Horak

ERNST MOLDEN
geb. 1967, Dichter und Liedermacher. Veröffentlichte bisher acht Bücher und zwölf Alben. Mehrfach ausgezeichnet, u. a. mit dem österreichischen Förderungspreis für Literatur und dem Preis der deutschen Schallplattenkritik für sein Album ES LEM. Lebt mit seiner Familie in Wien-Erdberg.

© Reinhard Werner

BERNHARD MOSHAMMER
geb. 1968 in St. Pölten, schreibt, singt und spielt Ukulele. Er produziert gerne CDs und macht Musik für Theater und Fernsehen. Letzte Veröffentlichung: *Alles über Mr. Davis* (Roman, 2012). Er lebt mit seiner Familie in Wien.

MAIK NOVOTNY
geb. in Stuttgart, zog vor 12 Jahren nach Wien, weil er nach Osteuropa wollte. Die Wiener finden, das sei ein seltsamer Herziehgrund. Er macht Sachen mit Städten und schreibt für den Standard und den Falter über Architektur und anderes.

© Heribert Corn

KLAUS NÜCHTERN
schreibt seit 1989 für die Wiener Stadtzeitung Falter, wo er seit 1990 das Kulturressort leitet und von 1998 bis 2012 auch die Funktion des stellvertretenden Chefredakteurs innehatte. Sein populäre wöchentliche Kolumne *Nüchtern betrachtet* erscheint auch in Buchform. Letzte Veröffentlichungen: *Früher waren die Friseure frecher* (2013), *Kontinent Doderer. Eine Durchquerung* (2016).

©Stephan Doleschal

DAVID PFISTER
ist ein österreichischer Radiomoderator, Journalist, Autor und Musiker. Seit dem Jahr 1998 arbeitet er beim österreichischen Radiosender FM4. Pfister lebt und arbeitet in seiner Geburtsstadt Wien. Bloody Mary ist sein Lieblingsgetränk. George Harrison sein Lieblingsbeatle. Letzte Veröffentlichung: *Sonja und Bernd in Thailand* (Roman, 2015)

ANDI PLAMMER
Wiener seit der Geburt. Seit 2004 Mitorganisator der wöchentlichen Lesungsreihe ALSO (Anno Literatur Sonntag), seit 2006 Redaktionsmitglied der Literaturzeitschrift *...& Radieschen*, seit 2010 Mitglied der Lesebühne noch dichter. Letzte Veröffentlichung: *Fauler Zauber* (Roman, 2011). www.textspende.at

MANFRED REBHANDL
geb. 1966 in Oberösterreich. Seit 1995 ist er als freier Autor von diversen Drehbüchern für Film und Fernsehen tätig. Publikationen zuletzt: *Das Schwert des Ostens* (Roman, 2012), *Dürre Beweise* (Roman, 2013), *Töpfern auf Kreta* (Roman, 2015). Er lebt in Wien.

TEX RUBINOWITZ
geb. 1961 in Hannover, zeichnet Witze, lebt seit 1984 in Wien.

CLARISSA STADLER
geb. 1966, Journalistin und Autorin, Radio, Zeitungen, Fernsehen, Moderation des Kulturmontag in ORF 2. Letzte Veröffentlichung: *N. Eine kleine Utopie* (Roman, 2005). Lebt in Wien.

EVELYN STEINTHALER
geb. 1971 in Klagenfurt, lebt und arbeitet in Wien. Vielfältige Arbeit im freien Kulturbereich. Seit 2003 freie Autorin und Journalistin, Herausgeberin und Übersetzerin. Letzte Veröffentlichungen: *Richard Tauber. Die Emigration eines Weltstars* (2011), *Wien 1945* (2015).

JÖRG SUNDERMEIER
geb. 1970, lebt in Berlin. Herausgeber diverser Bücher im Verbrecher Verlag. Seine Glossen *Der letzte linke Student* und *Derletzte linke Student kämpft weiter* erschienen 2004 bzw. 2010 im Alibri Verlag. Letzte Veröffentlichung: *Die Sonnenallee. Berliner Orte* (2016).

CORNELIA TRAVNICEK
geb. 1987 in St. Pölten. Studium der Informatik und der Sinologie in Wien. Veröffentlichungen von Lyrik und Prosa in *Lichtungen*, *manuskripte*, *wortwerk* und Anthologien. Letzte Veröffentlichungen: *Chucks* (Roman, 2012), *Junge Hunde* (Roman, 2015).

METKA WAKOUNIG
geboren 1983 in Celovcendorf (Nordslowenien), übersetzt gern Bücher und würde auch gerne mal eins schreiben, ist aber zu feige.

© Andreas Wiesenhofer

MAXIMILIAN ZIRKOWITSCH
ist Satiriker und das ideologische Schwergewicht der Gruppe HYDRA. Als *#bezirkowitsch* kandidierte er 2015 in Wien und wurde nicht gewählt. Am liebsten liest er vor Publikum, wo man auch rauchen kann.

PETER ZIMMERMANN
geb. 1961 in Villach. Studium der Theaterwissenschaft u. Germanistik in Wien, Regie- und Dramaturgieassistent, seit Ende der achtziger Jahre Journalist und Autor. Redakteur im ORF-Hörfunk, dort u. a. zuständig für die Büchersendung *Ex libris*. Letzte Veröffentlichungen: *Last Exit Odessa* (Roman, 2012), *Aus dem Leben der infamen Menschen* (Roman, 2016).

Umschlaggestaltung: Jörg Vogeltanz, www.vogeltanz.at
Layout: Vanessa Wieser
Zahlenrätsel S. 134: Christina Wintersteiger
Fotos S. 2, S. 7: Lampe und Madonna befinden sich im Gasthaus Pöschl, 1010 Wien
S. 6: WC-Schild aus dem Wiener Deewan, 1090 Wien
Fotos: Juliane Mego, Anna Schoiswohl und Christina Wintersteiger
Druck und Bindung: CPI books GmbH, Leck

A–1080 Wien, Wickenburggasse 21/1-2
www.milena-verlag.at

ISBN 978-3-90295-086-4

MILENA Verlag
HEFTIGE BÜCHER FÜR HEFTIGE MENSCHEN